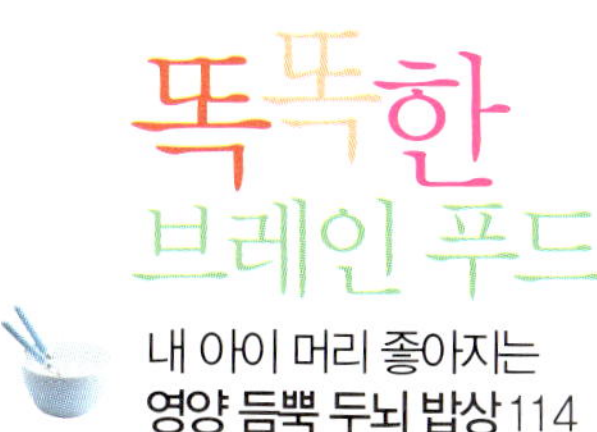
똑똑한
브레인 푸드
내 아이 머리 좋아지는
영양 듬뿍 두뇌 밥상114

똑똑한 브레인 푸드

초판 1쇄 인쇄 2013년 7월 5일 **초판 1쇄 발행** 2013년 7월 15일

지은이 조혜경 · 권현정

펴낸이 김용태 **펴낸곳** 이룸나무
편집장 김유미 **마케팅** 서보선
출판신고 제305-2009-000031 (2009년 9월 16일)
주소 130-823 서울 특별시 동대문구 용두동 236-1 대우아이빌 101동 106호
전화 02-3291-1125 | **E-mail** iroomnamu@naver.com
마케팅 출판마케팅센터 02-3291-1125, 031-943-1656
가격 14,500원
ISBN 978-89-98790-06-6 13590

☆잘못된 책은 구입한 서점에서 바꾸어 드립니다.

내 아이 머리 좋아지는 **영양 듬뿍 두뇌 밥상**114

조혜경 • 권현정 지음

이룸나무

머리 좋아지는 브레인 푸드
쉽게 조리하는 비법을 공개합니다

"아이의 머리를 좋게 하는 조리법이 궁금해요" "어떤 식품이 아이들을 똑똑하게 만들어 주나요?" "아이가 잘 먹을 건뇌식 만드는 법을 알려주세요" …….

엄마들을 대상으로 두뇌밥상 교육이나, 강의를 할 때마다 빠지지 않는 질문들입니다. 아이들에게 세상에서 가장 좋은 먹거리를 먹이고 싶은 것은 모든 엄마들의 바람이지요. 똑똑하고 머리 좋은 아이로 키우는데 도움이 되는 건뇌식, 브레인 푸드를 다양하게 만들어 먹이고 싶은 것은 더 말할 필요도 없지요.

그렇지만 사랑스러운 내 아이를 위한 식탁을 차리려면 어떤 식품을 골라야 할지 고민스러울 때가 많습니다. 또 좋은 식품을 골라 놓고도 어떻게 조리해야 좋을지 궁금해질 때도 많습니다.

브레인 푸드는 한마디로 뇌를 건강하게 만들어 주는 식품입니다. 우리의 뇌는 몸무게의 2%에 불과하지만, 매일 우리가 섭취하는 칼로리의 20%를 소비하는 대단한 공장입니다. 이렇게 엄청난 칼로리를 소비하는 뇌를 위해서 성장기 아이들에게는 엄마의 특별한 식단 구성이 필요합니다.

호도, 잣, 대추, 밤, 땅콩 등의 견과류에는 뇌를 구성하는 성분인 레시틴을 만들어주는 영양 성분이 많이 들어있습니다. 또 시금치, 부추, 호박, 당근, 고구마, 감자, 연

근, 우엉, 피망 등의 채소에 들어 있는 비타민 C도 뇌를 튼튼하게 하고 활성화시키는데 도움을 주는 식품이지요. 몸에서 합성되지 않는 DHA도 아이들의 두뇌발달을 위해 꼭 섭취시켜야 할 성분입니다. 이들 성분은 꽁치, 고등어, 참치 등의 등 푸른 생선에 많이 들어 있습니다. 하지만 아쉽게도 이들 식품은 대부분 아이들이 먹기 싫어하는 것들이 많습니다.

《똑똑한 브레인 푸드》는 엄마들의 이런 고민거리를 풀어주기 위해서 기획된 것입니다. 성장기 아이들에게 균형 잡힌 영양소를 섭취할 수 있도록 견과류, 채소, 해산물, 고기, 과일, 유제품, 밥 등의 모든 요리마다 칼로리와 식품에 들어 있는 단백질, 지질, 칼슘, 비타민 등의 영양 분석표도 제시했습니다. 또 편식하는 아이들에게 자신이 싫어하는 식품들을 갖고 놀면서, 편식을 자연스럽게 고칠 수 있는 〈즐거운 Cooking Play〉 방법도 자세하게 소개했습니다.

이 책이 나오기까지 사진 촬영을 도와준 사진작가 한정수 님, 멋진 코디를 해준 오미라 님, 출간을 해주신 이룸나무 출판사 관계자에게 감사를 드립니다. 《똑똑한 브레인 푸드》를 통해서 아이들에게 영양 균형 잡힌 음식을 먹여, 똑똑하고 건강하게 자라기를 간절히 바랍니다.

2013. 7

조혜경, 권현정

B r a i n F o o d

Nuts food Cooking

똑똑한 견과류 밥상

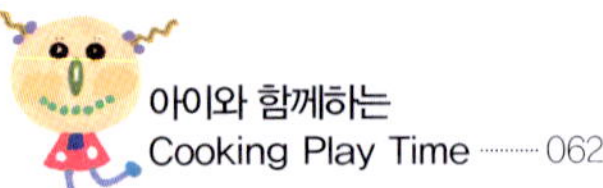

B r a i n F o o d

Milk food Cooking

똑똑한 유제품 밥상

요리 재료 분량은
2인분 기준입니다.
분량이 다른 경우,
해당 요리 총열량 표기란에
따로 표시를 했습니다.

Brain Food

Fruits food Cooking

PART 3 똑똑한 과일 밥상

B r a i n F o o d

Rice food Cooking

PART 4

똑똑한 밥 & 면 밥상

- 고소하고 달콤한 쌀강정
- 팝콘버무리
- 용돈기입장 만들기
- 곡물 꽃이 활짝~
- 누가 누가 이기나?
- 삼색모양 주먹밥

B r a i n F o o d

Meat food Cooking

PART 5

똑똑한 고기 밥상

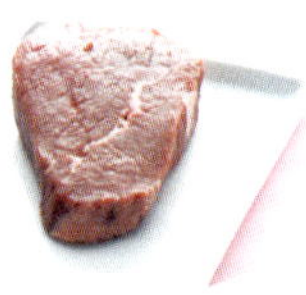

Brain Food

Vegetable food Cooking

똑똑한 채소 밥상

Brain Food

Sea food Cooking

PART 7 똑똑한 생선 밥상

- 건어물 어항
- 피노키오와 떠나는 바다 여행
- 걸리버와 함께 바다 여행
- 맛있는 폭탄주먹밥
- 조개껍질 물고기

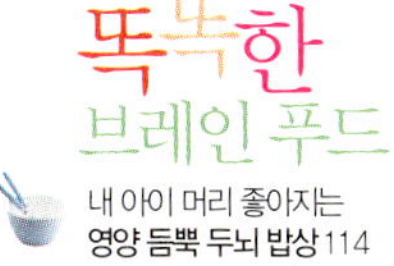
똑똑한
브레인 푸드
내 아이 머리 좋아지는
영양 듬뿍 두뇌 밥상 114

Brain Food
Cooking Sense

더 맛있게, 더 영양가 높게… 조리 포인트

브레인 푸드 요리를 더 맛 있게, 영양가 높게 하려면 재료 계량하는 법, 소고기 닭고기 돼지고기 등 고기 부위에 따른 조리 포인트, 해산물 잘 다듬는 요령 등을 알아두는 것이 좋아요. 아이들이 더 맛나게 먹도록 하기 위해서 다양한 소스 만들기도 알아두면 유용하지요. 또 채소를 잘 손질하고 보관하는 노하우와 천연 조미료 가루 만들기, 육수 맛있게 우려내는 비법도 알아둘 필요가 있지요. 요리를 더 맛깔스럽게 하는 다양한 조리 도구도 미리 챙겨두는 센스가 필요합니다.

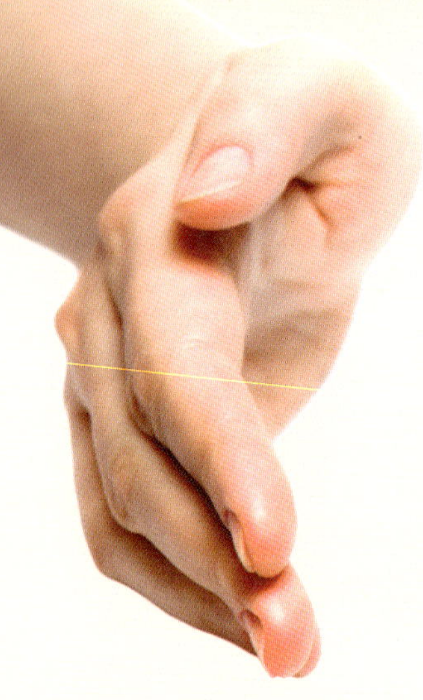
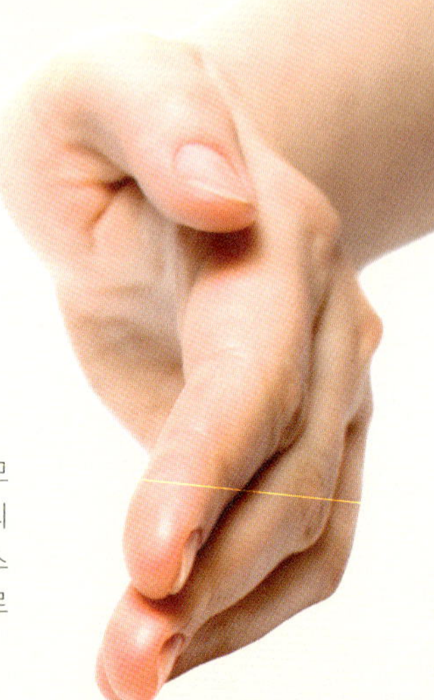

눈대중, 손대중으로 하는

재료 계량법

요리책에 소개되는 레서피를 보면, 큰술, 작은술 등 모든 재료가 거의 그램(g)으로 표기되어 있어 막상 요리를 하려고 하면 난감할 때가 많지요. 이럴 때는 계량스푼이나 저울로 일일이 재는 것보다 눈대중, 손대중으로 계량하는 방법을 알아두면 좋아요.

1컵과 1큰술은요

1컵 – 200cc (일반적인 자판기 커피컵과 동일한 양이에요.)
1큰술 – 15cc (어른 밥숟가락으로 수북하게 쌓인 분량과 같아요.)
1작은술 – 5cc (어른 밥숟가락을 깎아 조금 더 부족한 분량과 같아요.)

1줌은요

1줌은 보통 재료를 한 손으로 가볍게 쥐었을 때의 양이에요. 보통 야채는 한 줌에 100g 정도 된답니다.
국수나 스파게티 등 건면 종류의 경우 엄지와 검지를 이용해 가볍게 쥐면 대략 1인분 정도 분량이 된답니다.

종류별 계량 노하우는요

장류 20g – 숟가락으로 가볍게 떠서 약간 불룩한 정도입니다.
가루류 10g – 수북이 떠서 좌우로 살살 흔들었을 때의 양이에요.
액체류 10g – 숟가락에 부어서 불룩한 정도의 양이에요.

조금씩, 적당히는요

분량이 표기되지 않는 재료들도 상당수 많이 있어요. 대부분 소금이나 후춧가루, 깨소금, 참기름 등의 양념들은 조금씩 넣으라고 되어 있죠. 특히 소금은 간을 위해 넣는 것이기 때문에 입맛에 맞게 짜지 않게 넣으면 되는 거예요. 후춧가루나 깨소금 등의 경우도 기호에 맞게 너무 양에 신경 쓰지 말고 말 그대로 적당히 알아서 넣으면 되지요. 아주 듬뿍 넣기 전에는 요리의 맛을 크게 좌우하지 않는 것들이니까요.

딱 맞게 소금간 하는 법

1. 1인분의 양과 소금양은 비례하지 않아요
4인 기준, 1큰술이라고 2인이 ½큰술을 넣는 것은 아니랍니다. 분량이 늘더라도 소금은 재료나 조리 방법에 따라 달라진다는 것을 기억하세요.
2. 충분히 다 끓여 익힌 후 소금을 넣으세요
밑간해야 하는 재료는 미리 재워두되 나머지의 경우 재료가 충분히 익었을 때 소금간을 하는 것이 좋아요.
3. 단맛을 내려면 소금을 조금 넣어요
재료의 수분과 단맛을 살리는 효과가 있다는 소금. 단맛을 돋우려면 설탕보다 소금을 조금 넣어 맛을 내세요.

재료별 100g은 이 정도랍니다!!

고기 부위에 따라 다르게 조리하세요

의외로 고기 손질을 어려워하는 엄마들이 많습니다. 아이들을 위한 똑똑한 밥상, 브레인 푸드를 만들려면 고기를 자주 밥상에 올려야 하죠. 고기 종류에 따라, 부위에 따라, 어떻게 요리를 하는지 알아두세요.

소고기

안심

지방이 적고 살코기가 많은 소고기에서 가장 부드러운 부위에요. 도톰하게 썰어 심줄을 끊고 고기 망치나 칼등으로 두들겨 연하게 해서 밑간하면 더욱 맛있어요. 스테이크, 산적, 구이용으로 좋아요.

등심

등 갈비뼈에 붙은 살로 육질이 곱고 연하며 적당량의 지방이 섞여 있어 더욱 고소하게 고기의 맛을 느낄 수 있어요. 스테이크, 구이, 산적, 전골할 때 좋아요.

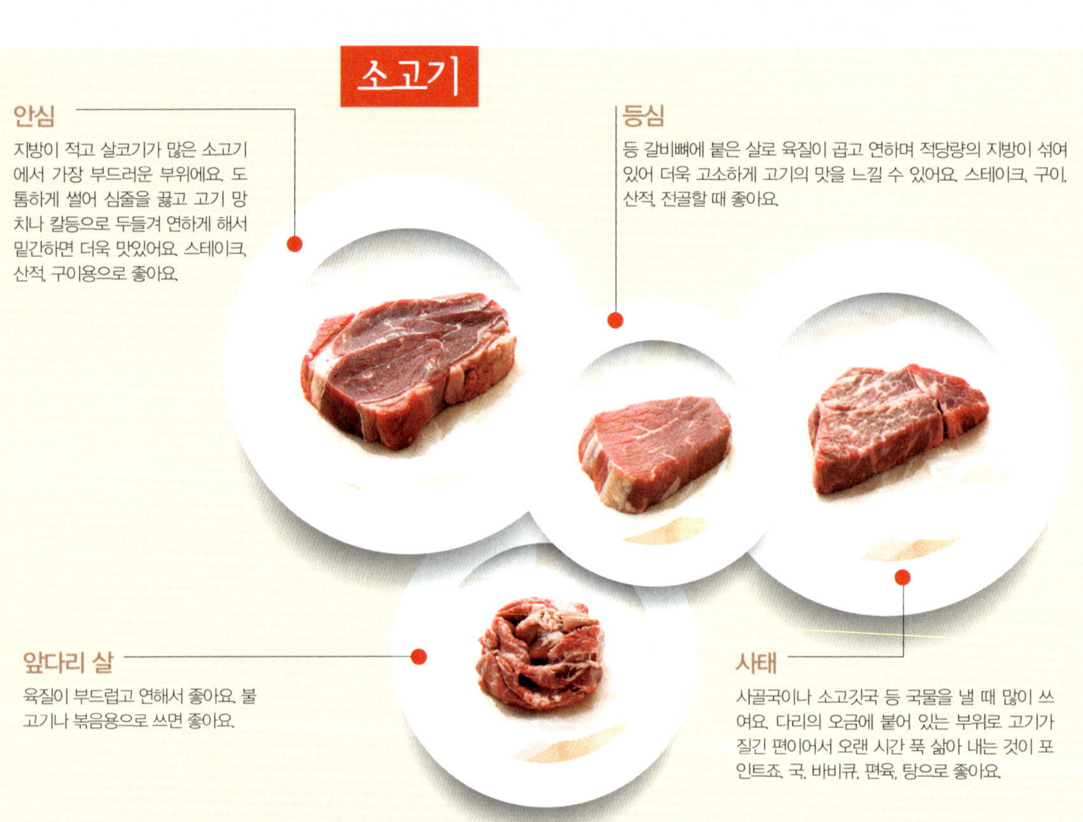

앞다리 살

육질이 부드럽고 연해서 좋아요. 불고기나 볶음용으로 쓰면 좋아요.

사태

사골국이나 소고깃국 등 국물을 낼 때 많이 쓰여요. 다리의 오금에 붙어 있는 부위로 고기가 질긴 편이어서 오랜 시간 푹 삶아 내는 것이 포인트죠. 국, 바비큐, 편육, 탕으로 좋아요.

돼지고기

삼겹살
근육과 지방이 삼겹의 막을 형성하여 풍미가 좋아요. 구이용으로 좋아요.

목살
적당량의 지방이 있어 풍미가 좋아요. 구이용이나 찌개용으로 이용하세요.

갈비
근육에 지방이 잘 박혀있어 쫄깃한 맛이 일품이에요. 찜, 바비큐, 양념구이용으로 좋아요.

뒷다리살
살집이 두터우며 지방이 적은 편이어서 튀김이나 불고기, 장조림으로 적당해요.

닭고기

가슴살
지방이 적고 부드러워요. 곱게 다져서 치킨 가스나 튀김요리, 샐러드로 사용하면 좋아요.

다리살
지방이 적당이 있어 부드러워요. 구이나 바비큐 요리에 좋아요.

날개
단백질이 많고 지방이 적어서 조림이나 튀김에 적합해요.

안심
육질이 부드럽고 지방이 적어요. 튀김이나 찜, 샐러드, 무침에 이용해요.

해물 다듬기

생선 다듬는 것을 어려워하는 엄마들도 참 많더군요. 생선은 비늘을 칼등으로 잘 긁어내고, 내장을 빼낸 다음에 조리하면 의외로 손질이 쉬워요. 자주 먹는 생선들의 손질법을 알려드릴게요.

꽁치

비늘을 칼등으로 살살 긁어준 후 내장을 제거합니다. 소금물에 헹군 후 물기를 제거하고 레몬즙이나 생강즙, 굵은 소금으로 밑간하여 채반에 널어 1시간 정도 말립니다. 살이 단단해져서 부서지지 않습니다. 구이나 조림으로 좋아요.

갈치

온몸에 은백색 가루는 깨끗이 긁어내고 조리하세요. 머리, 배를 가른 후 내장을 제거하고, 배쪽에 검은 태는 행주로 부드럽게 닦아내세요. 씻은 후 갈치를 행주로 덮어 손으로 살짝 두드리면서 수분을 제거합니다. 등과 배에 칼집을 넣어 조리하세요.

대구

대구를 통째로 구입했을 때는 머리와 내장을 떼어낸 후 껍질을 벗겨 얇게 포를 뜹니다. 분리된 내장 중 고니는 사용할 수 있으니 버리지 말고 이용합니다. 보관 시에는 소금을 뿌려 팩에 담아서 랩으로 포장한 후 냉장실이나 냉동실에 보관합니다. 전, 탕, 튀김으로 좋아요.

낙지

내장을 빼고, 가위로 눈을 도려내고 다리 안쪽의 흡반도 엄지손가락으로 눌러 빼내세요. 마지막에 소금을 넣어 진이 나도록 바락바락 주물러 흡반안의 이물질을 빼내는 것이 포인트. 보관 시에는 물기를 빼고 다리와 머리를 분리해서 비닐 팩에 넣어 냉동 보관하세요.

가자미

비늘을 칼등으로 살살 긁어준 후 내장을 제거합니다. 소금물에 헹군 후 물기를 제거하고 레몬즙이나 생강즙, 굵은소금으로 밑간하여 채반에 널어 1시간 정도 말립니다. 살이 단단해져서 부서지지 않습니다. 구이나 조림으로 좋아요.

바지락

바지락은 껍질이 깨지지 않고 윤기가 나는 것이 좋아요. 맑은 물이 나올 때까지 문질러 닦은 후 맹물에 담가 해감을 토하게 합니다. 신문지를 덮어두고 도중에 몇 번씩 물을 갈아줍니다. 찌개나, 칼국수에 넣어 먹거나 양념에 버무려 드세요.

모시조개

깨끗이 씻어서 연한 소금물(1~2% 농도)에 담가 해감을 시키세요. 신문지를 덮거나 어두운 곳에 반나절 정도 넣어두세요. 보관할 시에는 밀봉하여 냉동실에 보관합니다. 탕이나 구이, 찜샐러드, 스파게티를 할 때 넣으세요.

홍합살

홍합은 단단히 입이 닫혀져 있고 해초 같은 털을 당겼을 때 잘 안 나오는 것을 고르세요. 찬물에 30분 정도 담가 해감한 후 손으로 수염을 떼어냅니다. 껍질끼리 비벼 불순물을 제거 한 후 살을 발라내어 연한 소금물에 흔들어 씻어 건진 다음 검은 수염을 잘라냅니다.

오징어

오징어는 몸통이 투명하고 윤기가 나는 것, 살이 탄력 있는 것이 신선하답니다. 오징어를 손질할 시에는 뼈가 흐느적거려 다룰 때도 요령이 필요하지요. 내장과 연골을 뺀 다음 흡반, 눈, 껍질을 제거한 후 흐르는 물에 씻으세요. 볶음, 튀김으로 이용합니다.

북어

북어는 황색을 띄는 황태가 맛이 더 담백하여 좋습니다. 통북어를 손질할 경우는 물에 오래 담가 불린 후 두들겨서 사용하고 편북어나 북어포는 금세 불어나므로 물에 잠깐 담가두었다가 물기를 제거하고 사용하면 됩니다. 탕, 국, 조림, 무침 등에 이용하세요.

다양한 소스 만들기

재료의 맛을 살려주는 소스와 양념장. 요리를 완성하는 비결이지요. 소스 잘 만드는 공식만 알아둬도 척척 요리박사가 될 수 있어요. 다양한 소스 손쉽게 만드는 방법을 알려드려요.

올리브갈릭소스

해산물 샐러드, 야채샐러드 드레싱으로 추천

마늘 ½큰술, 간장 1큰술, 물 1큰술, 올리브유 2큰술, 레몬즙 1큰술, 올리고당 1큰술, 소금 ½작은술

매실올리브소스

야채샐러드 드레싱, 비빔면 양념, 떡볶이 양념으로 추천

올리브유 3큰술, 매실청 · 다진 양파 2큰술, 간장 1큰술, 다진 마늘 · 식초½큰술씩, 후춧가루 약간

간장참깨소스

도토리묵 양념, 두부샐러드 드레싱

간장 · 식초 · 생수 1큰술, 깨소금 ½큰술, 참기름 ½작은술

올리브오일 발사믹소스

야채샐러드, 닭가슴살샐러드 드레싱으로 추천

올리브유 3큰술, 거피들깨 · 레몬즙 1큰술, 발사믹 식초 · 간장 · 올리고당 2큰술, 소금 ½찻술

새콤간장소스

만두, 튀김요리 곁들이 장으로 추천

간장 3큰술, 물 2큰술, 식초 2큰술

허니간장소스

샤브샤브, 닭백숙 곁들이 장, 닭봉요리 조림 장으로 추천

간장 2큰술, 꿀 1큰술, 올리브오일 1큰술, 생강즙 ½작은술

된장양파소스

삼겹살 구이 양념, 닭고기 오븐 요리 양념으로 추천

된장 2큰술, 다진 양파 1큰술, 올리고당 2큰술, 다진 마늘 ½큰술, 고춧가루 · 매실원액 · 참기름 1큰술, 후춧가루 약간

된장볶은고기소스

보리 비빔밥 양념장, 쌈밥 곁들이장으로 추천

된장 5큰술, 쇠고기 100g, 고추장 ½큰술, 다진 표고 1큰술, 올리고당 · 멸치육수 2큰술, 참기름 · 진간장 · 다진 마늘 · 다진 파 1작은술

요플레 마요네즈소스

과일샐러드, 그린샐러드드레싱으로 추천

플레인 요플레 3큰술, 올리고당 1큰술, 레몬즙 1큰술

된장참깨소스

버섯 샐러드드레싱, 두부 샐러드, 삼겹살 구이 곁들이 소스용으로 추천

깨소금 5큰술, 간장 2큰술, 된장 1큰술, 설탕 ½큰술, 식초 ½큰술, 샐러드유 1큰술, 물 4큰술

마요네즈머스터드소스

치킨샐러드 드레싱, 양파링 튀김, 새우튀김 곁들이용으로 추천

마요네즈 · 다진 양파 3큰술, 올리고당 2큰술, 양겨자 · 레몬즙 1큰술, 소금 ½작은술, 후추 약간

토마토마요네즈소스

토마토샐러드, 야채샐러드, 과일샐러드 드레싱으로 추천

마요네즈 4큰술, 토마토 3큰술, 다진 양파 · 다진 오이피클 1큰술, 레몬즙 2큰술, 소금 작은술, 후추 약간

채소 잘 손질하는 노하우

요즘 채소 값이 갈수록 비쌉니다. 자칫하면 냉장고 속에 넣어두었다가 시들시들해져 버리기 쉬운 채소를 잘 손질하고, 보관하는 방법을 알려드릴게요.

당근

당근은 흐르는 물에 표면을 솔로 문질러 흙과 이물질을 씻어냅니다. 냉장고의 야채실이나 햇볕이 들지 않는 서늘한 곳에 보관해야 하지요. 씻으면 저장을 오래할 수 없으며 여름에는 비닐봉지나 랩에 싸서 냉장고에 보관하고 겨울에는 상온이나 햇볕이 들지 않는 서늘한 곳에 둡니다.

애호박

호박을 자르지 않은 채로 물기를 제거한 후 신문지에 싸서 그늘진 곳에 두면 1주일 정도 보관 가능합니다. 호박을 자른 경우엔 수분이 증발되기 때문에 자른 면을 랩으로 싸서 냉장고에 보관하되 3일 이내에 먹는 게 좋습니다.

양파

망에 넣어서 바람이 잘 통하는 그늘진 곳에 걸어두거나 실온에 보관합니다. 양파가 서로 맞닿아 있으면 상처가 나고 습기가 차므로 양파와 양파 사이를 닿지 않게 해두어야 오래 먹을 수 있습니다. 냉장 보관할 시에는 비닐봉지에 밀봉하세요.

오이

흐르는 물에 스펀지 등으로 껍질을 문질러 씻은 뒤 굵은 소금을 도마에 뿌리거나 손에 쥐고 문질러 씻습니다. 이렇게 하면 오돌토돌한 표면에 묻어있는 잔류 농약을 말끔히 없앨 수 있지요. 냉장보관보다 서늘한 곳에 두는 것이 더 좋습니다. 냉장보관을 하려면 하나씩 신문지로 싸서 보관하세요.

배추

겉잎을 1~2장 떼어낸 뒤 뿌리 쪽을 잘라내고 한 장씩 떼어서 흐르는 물에 씻은 다음 볶은 소금을 탄 물에 10분 정도 담갔다가 3~4회 헹구어 내면 농약을 최대한 없앨 수 있습니다. 배추는 통째로 신문지에 여러 겹 싸서 밑동을 아래로 세워 서늘하고 그늘진 곳에 보관합니다.

양배추

농약이 직접 묻는 바깥쪽의 겉잎을 벗겨내고 씻은 다음 잎을 2~3장씩 벗겨낸 뒤 용도별로 썰어서 찬물에 3분 정도 담가둔 후에 흐르는 물로 헹군 뒤 채반에 받쳐 물기를 뺍니다. 보관할 시에는 전체를 젖은 신문지와 마른 신문지로 한 번씩 싸서 냉장고에 넣어두면 2주 정도는 신선합니다.

무

무는 사온 즉시 잎사귀와 뿌리를 잘라 분리시켜줍니다. 무청을 잘라내고 표면에 달라붙어 있는 흙을 깨끗이 잘 털어낸 후 비닐봉지에 담아 냉장고에 보관하세요.

고구마

양끝의 심을 제거한 후 이용해야 질기지 않고 맛이 좋습니다. 상온 보존 시 검은색 봉지에 담아 구멍을 뚫거나 신문지에 말아 어둡고 통풍이 잘 되는 곳에 두는 것이 좋습니다. 껍질을 벗긴 고구마는 색이 변하므로 식초를 몇 방울 섞은 물에 담가두면 색이나 맛이 변하지 않습니다.

우엉

세로로 길게 칼집을 넣은 다음 필러로 얇게 밀면 단단한 우엉껍질을 손쉽게 벗길 수 있습니다. 먹고 남은 것은 껍질째 젖은 신문지에 싸서 비닐봉지에 넣거나 랩으로 싸서 냉장고에 넣어둡니다. 껍질을 벗긴 것은 데쳐 식촛물에 데쳐 냉장고에 넣어두면 1~2일 정도 보관할 수 있습니다.

시금치

뿌리 부분을 칼로 긁어 다듬은 뒤 흐르는 물에 헹굽니다. 데칠 때 소금을 약간 넣으면 농약 성분을 제거하는 데 도움이 됩니다. 시금치를 오래 보관하려면 살짝 데쳐서 냉수에 담가두었다가 물기를 털어내고 한 번 먹을 분량씩 위생봉지에 넣어서 냉동실에 보관해두면 됩니다.

단호박

단단한 단호박의 껍질은 위에서 내리누르듯 자릅니다. 반으로 자르고 난 뒤에는 미끄러지지 않게 도마 위에 엎어놓고 골을 따라 길게 썹니다. 껍질을 제거할 때는 익힌 후 벗기면 더 쉽게 제거할 수 있으며 자른 것은 속을 파내고 랩을 씌워서 냉장고에 보관합니다.

감자

흐르는 물에 깨끗이 씻은 뒤 껍질을 두껍게 벗기고 썰어서 찬물에 담갔다가 꺼내서 조리합니다. 보관 시에는 종이봉투에 감자를 담고 다시 비닐봉투에 담아 냉장고 하단에 보관합니다. 양이 많은 경우엔 봉투에 감자를 넣고 입구를 벌린 채로 골판지 상자에 보관하세요.

브로콜리

작은 송이로 떼어서 흐르는 물에 여러 번 씻은 후 소금을 넣은 끓는 물에 데칩니다. 줄기부터 넣어 삶으면 비타민 C의 손실을 최대한 줄일 수 있습니다. 빛깔을 선명하게 해주는 효과도 있지만 잔류 농약을 없애는데도 도움이 되지요. 조리 후 살짝 삶아서 비닐봉지에 담아 냉장실에 넣습니다.

콩나물

물에 넣기 전에 훌훌 털어 껍질은 벗깁니다. 요리할 때는 끓는 중간에 뚜껑을 열면 갑자기 온도가 떨어져 비린내가 나므로 중간에 뚜껑을 열지 않습니다. 빛을 쬐면 대가리가 파랗게 변하고 억세지므로 씻지 않은 채로 검은 비닐봉지에 넣어 냉장실에 보관하거나 끓는 물에 살짝 데쳐서 비닐 봉지에 넣습니다.

간편하게 만드는 천연 가루

당근이나 시금치, 버섯 등은 아이가 성장하는데 꼭 필요한 영양소가 풍부한 재료들이지만 먹기 싫어하는 아이가 많습니다. 이럴 때는 재료를 갈아 천연 가루로 만들어 밥이나 국에 섞어주면 좋아요.

시금치가루

❶ 시금치를 다듬어 깨끗하게 씻은 후 끓는 물에 소금을 약간 넣고 살짝 데쳤다가 건져, 찬물에 헹군다.
❷ ①을 햇볕에 바짝 말린다.
❸ 잘 말린 시금치를 분쇄기에 넣고 갈아 곱게 가루를 낸다.

새우가루

❶ 마른 새우를 준비해 햇볕에 바짝 말린 다음, 잡티를 골라낸다.
❷ 기름기 없는 프라이팬에 ①을 넣고 살짝 볶아 분쇄기에 넣고 곱게 간다.

양파가루

❶ 양파를 큼직하게 썰어 전자레인지에 2~3분 또는 150℃로 예열한 오븐에 넣고 15분 정도 익힌다.
❷ ①을 햇볕에 2~3시간 말린 다음 분쇄기에 넣고 갈아 체에 내린다.

표고버섯가루

❶ 잘 말린 표고버섯을 행주로 깨끗이 닦아 먼지를 제거한다.
❷ 깨끗이 손질한 표고버섯을 분쇄기에 넣고 곱게 간다.

멸치가루

❶ 중간 크기의 마른 멸치를 골라 내장을 제거한다.
❷ 기름기 없는 프라이팬에 ①을 넣고 1~2분간 볶은 다음 분쇄기에 넣고 곱게 간다.

당근가루

❶ 당근을 깨끗이 씻어 얇게 썰고 전자레인지에 2~3분 또는 150℃로 예열한 오븐에 넣고 15분 정도 익힌다.
❷ 기름을 두르지 않은 프라이팬에 ①을 넣고 약한 불에 살짝 볶는다.
❸ ②를 햇볕에 2~3시간 바짝 말린 후 분쇄기에 넣고 곱게 간다.

간편하게 만드는 천연 육수

국물요리는 물론 볶음이나 조림 등 다양하게 활용 가능한 육수. 집에 있는 재료들로 미리 만들어 두고 쓰면 요리할 때마다 번거롭게 따로 국물을 낼 필요 없어 편리하지요.

소고기 육수

재료 : 양지머리 부위 100g, 양파 ¼개, 대파 1대, 마늘 2쪽, 물 3컵

❶ 소고기는 1시간 정도 물에 담가 핏물을 뺀다.
❷ 찬물에 양파, 대파 뿌리 부분, 마늘을 넣어 10분간 끓인다.
❸ 팔팔 끓으면 떠오르는 갈색의 불순물을 걷어내고, 뽀얀 국물이 날 때까지 더 끓인다.
❹ 국물이 우러나면 불을 끄고, 식인 후 거른다.

닭고기 육수

재료 : 닭다리 뼈 80g, 양파 ¼개,대파 1대, 마늘 2쪽, 물 3컵

❶ 닭다리는 살을 대충 바른 후 2시간 정도 물에 담가 핏기를 없앤다.
❷ 찬물에 닭다리, 양파, 대파 뿌리 부분, 마늘을 넣어 20분간 끓인다.
❸ 거품이 나면 이물질을 걷어 냅니다.
❹ 뽀얀 우윳빛이 우러나면 불을 끄고, 식으면 체에 거른다.

다시마 육수

재료 : 다시마 4장(4×4cm), 물 4컵

❶ 다시마는 마른 행주로 겉에 묻은 하얀 가루를 닦아내고 물 4컵을 부어 30분 정도 불린다.
❷ 다시마가 들어있는 물을 그대로 불 위에 올려 5분 정도 끓인 후에 베 보자기에 내려 잡티를 없앤다.

가다랭이 육수

재료 : 가다랭이포 ¼컵, 다시마 2장, 물 3컵

❶ 다시마는 마른 행주로 겉에 묻은 하얀 가루를 닦아내고 물 3컵을 부어 30분 정도 불린다.
❷ 다시마가 들어있는 물을 그대로 불 위에 올려서 끓이다가 국물이 노랗게 우러나면 가다랭이포를 넣고 3분 정도 더 끓인다.
❸ 완성된 국물을 베 보자기에 걸러준다.

멸치 육수

재료 : 국 멸치 15마리, 다시마 2장(4×4cm), 물 4컵

❶ 다시마는 마른 행주로 겉에 묻은 하얀 가루를 닦아 내고 물 4컵을 부어 30분 정도 불린다.
❷ 국 멸치는 반으로 갈라 내장을 제거한다.
❸ 다시마 우린 물에 멸치를 넣고 거품을 걷어내가며 5~6분 정도 끓인다.
❹ 완성된 국물을 베 보자기에 걸러 준다.

채소 육수

재료 : 무 ⅙개, 양파 ½개, 표고버섯 5개, 오이 ⅙개, 당근 50g, 물 3컵

❶ 준비한 재료를 깨끗이 씻어 분량의 물을 넣어 끓인다.
❷ 거품이 일면 국자로 거품을 걷어 내고, 약한 불에서 20분 정도 끓인다.
❸ 국물이 식으면 체에 거른 후, 맑은 국물만 쓴다.

요리가 즐거워지는 똑똑한 조리 도구

기능 좋은 조리 도구는 요리를 손쉽고, 더 맛깔스럽게 보이게 하는데 한몫하지요. 똑똑한 두뇌밥상을 쉽게 차릴 수 있는 조리도구들을 주방에 꼭 챙겨두세요.

칼 무엇보다 칼이 잘 들어야 요리할 맛이 나지요.

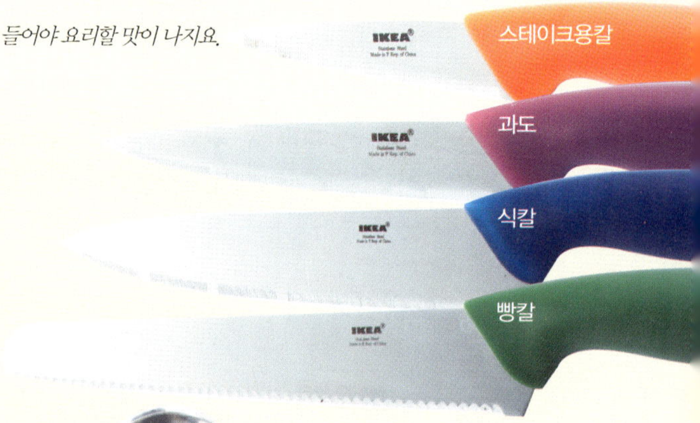

스테이크용칼

과도

식칼

빵칼

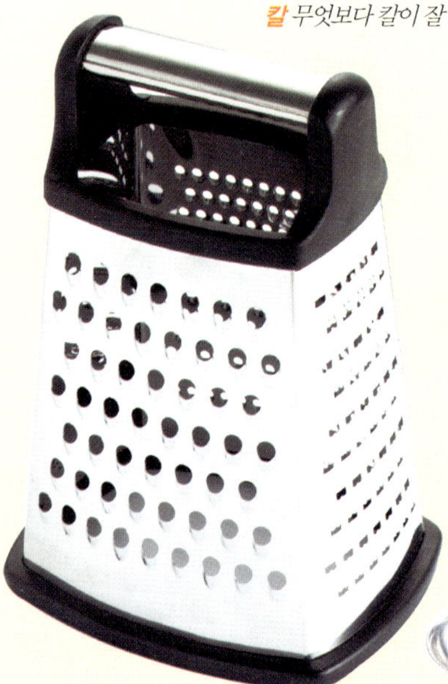

계량스푼 각 단위의 눈금이 그어져 있기도 하며, 분량에 따라 아예 크기가 각각 다르게 만들어진 것 등 몇 가지 종류가 있습니다.

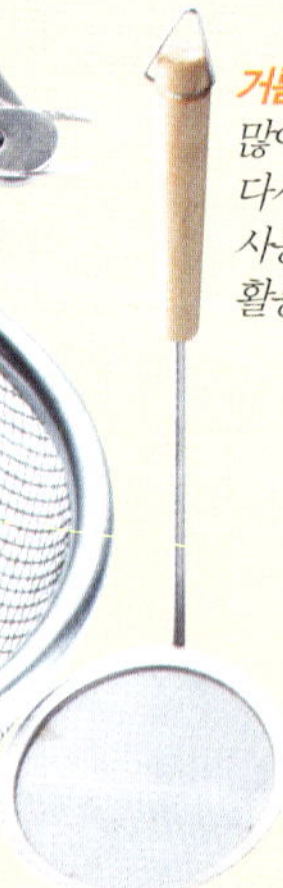

채칼 4면이 모두 다른 용도로 되어있어요. 길게도 되고, 납작하게도 되고 치즈 같은 것도 잘 갈립니다.

거름망 육수 재료로 많이 쓰이는 멸치나 다시마를 건질 때 주로 사용하며, 된장을 풀 때도 활용하세요.

채반 국물을 받쳐 내리거나 밀가루 같은 가루를 곱게 내릴 때 꼭 필요합니다. 큰 것 하나와 거품을 걷어내는 것, 냄비에 걸쳐서 사용할 수 있는 것이 있으면 좋아요.

고무주걱 반죽이나 양념장을 옮겨 담을 때 알뜰하고, 깔끔하게 넣을 수 있어요.

깔때기 입구가 좁은 병이나 용기에 요리한 것을 옮길 때 사용합니다.

계량저울 쿠키나 빵을 만들 때, 정확한 계량을 하려면 꼭 필요하지요.

접이용 찜기 접었다 펴서 사용할 수 있어서 참 편리하지요.

나무주걱 볶음 요리를 할 때 쇠로 된 뒤지개 대신 사용하면 좋아요.

거품기 달걀을 풀거나 여러 가지 재료를 부드럽게 섞을 때 사용합니다.

계량컵 레시피에 몇 컵이라고 제시되어 있을 때 정확한 분량을 잴 수 있어 편합니다.

플라스틱강판 양파나 무를 갈아 즙을 낼 수 있어요.

절구 가루를 내거나 마늘을 다질 때 꼭 필요해요.

Brain Food

똑똑한 견과류 밥상

PART 1

Nuts food Cooking

호두, 잣, 땅콩, 아몬드, 해바라기씨 등의 견과류는 대표적인 건뇌식품입니다. 이들 식품에는 불포화지방산이 풍부하고, 뇌 발달에 필요한 비타민 A, 비타민 B, 미네랄도 많아서 두뇌 활동을 활발하게 해준답니다. 뇌 신경을 안정시키는 칼슘과 비타민 B군도 많이 들어 있으므로 아이들을 똑똑하게 키우는 브레인 푸드로 가장 이상적인 식품이지요.

아몬드핫케이크

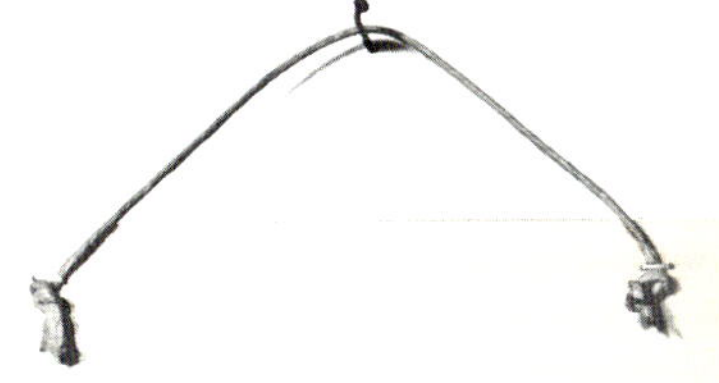

Brain point 아몬드의 필수 영양소

아몬드는 칼슘(7.24mg), 비타민 E(7.24mg), 단백질(5.9g), 섬유질(3.3g) 등 필수영양소가 골고루 함유돼 있답니다. 특히 항산화 작용을 하는 비타민 E 함유량이 견과류 중에 가장 많습니다.

재료는요

밀가루 1컵, 달걀 1개, 설탕 3큰술, 우유 ½컵, 아몬드가루 1큰술, 버터 ½큰술, 베이킹파우더 ½작은술, 소금 · 딸기시럽 약간

cooking point 좋은 아몬드 고르기

아몬드는 너무 마르지 않고, 붉은 갈색을 띠고 있는 것이 좋아요. 아몬드는 다른 음식의 냄새를 잘 흡수하기 때문에 반드시 밀봉하여 보관하세요. 포장제품 구입 시 반드시 유통기한과 포장의 진공상태를 확인하세요.

① 분량의 밀가루와 베이킹파우더, 아몬드가루, 설탕 1큰술을 잘 섞어 고운 체에 치고 버터는 중탕으로 녹여준다.

② 달걀은 흰자와 노른자를 분리하여 흰자에 설탕 2큰술을 넣고 거품기로 거품을 단단히 올린 후 노른자와 녹인 버터를 넣고 잘 섞어준다.

③ ❷에 ❶의 체친 가루를 넣고 고무주걱으로 가볍게 섞다가 우유를 넣어 살짝 더 섞는다.

④ 달궈진 프라이팬에 기름을 조금 두른 후 키친타월로 살짝 닦아낸 후, 약한 불에서 반죽을 한 국자 떠 넣고 반죽에 구멍이 많이 생기면 뒤집개로 뒤집어 준다.

재료	열량 Kcal	단백질 g	지질 g	갈슘 mg	비타민 B_1 mg
아몬드 1큰술	89.6	2.79	8.1	38.1	0.04
달걀 1개	94.8	7.5	6.4	23.4	0.04
우유 ½컵	60	3.2	3.2	105	0.04

견과류찰떡

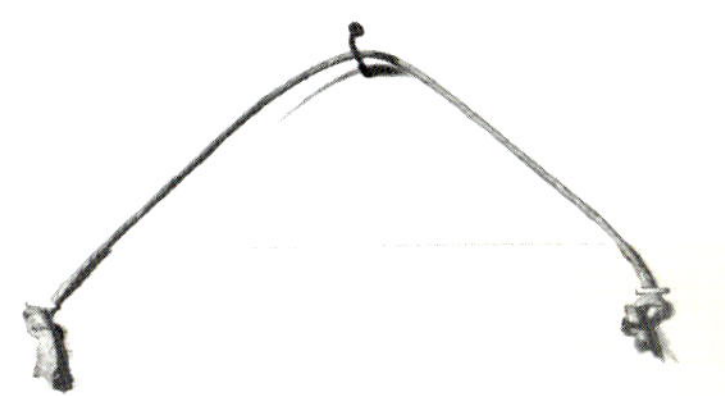

Brain point 호두의 불포화지방산

호두, 잣, 땅콩 등의 견과류는 대표적인 건뇌식품. 호두는 불포화지방산이 다량 함유되어 있고, 뇌신경을 안정시키는 칼슘과 비타민 B군이 풍부하지요. 뇌 발달에 필요한 비타민 A, 미네랄, 비타민 B도 많아서 두뇌활동을 활발하게 해준답니다.

찹쌀가루 1컵, 물 1큰술, 설탕 1작은술, 호두 · 아몬드 ½큰술씩, 볶은 콩가루 ¼컵, 식용유 약간

cooking point 찰떡 맛있게 보관하기

찰떡은요, 한 개씩 랩에 싸서 냉동실에 보관하시면 됩니다. 먹을 때마다 냉장실에서 해동하거나 전자레인지에서 30초 정도 돌려서 먹으면 방금한 떡처럼 맛이 좋답니다.

① 찹쌀가루에 물을 넣고 섞어 체에 내린 뒤 설탕을 넣어 고루 섞어준 후 김이 오른 찜기에 면보를 깔고 20분 정도 쪄낸다.

② 호두, 아몬드는 일회용 비닐팩에 담아 칼등을 이용하여 굵게 빻는다.

③ 비닐팩에 식용유를 조금 넣고 잘 비벼서 비닐팩 내부를 코팅시켜 준 다음 찐 떡과 ❷의 호두, 아몬드를 넣고 골고루 섞일 수 있게 반죽한다.

④ 비닐 팩을 ㄱ자로 잘라서 떡을 길게 늘여서 김밥 말듯이 통통하게 말아 식힌 후 콩가루를 묻혀 썰어 담는다.

재료	열량 Kcal	단백질 g	지질 g	칼슘 mg	비타민 B_1 mg
찹쌀가루 1컵	680.4	11.8	0.72	21.6	0.18
호두 ½큰술	48.5	1.15	5	6.9	0.02
아몬드 ½큰술	44.8	1.39	4.05	19	0.02

땅콩두부김치

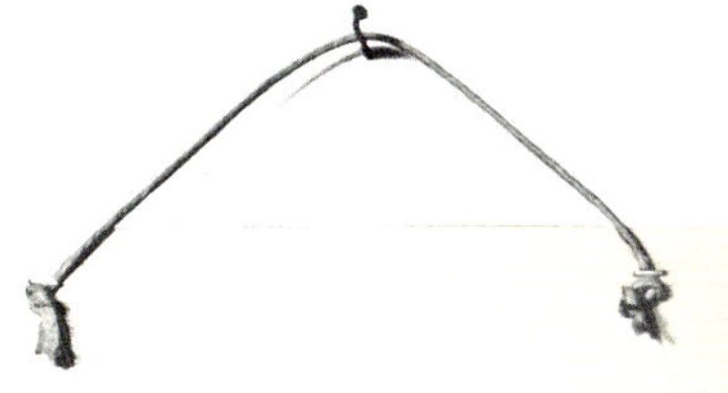

Brain point 땅콩의 비타민 E

땅콩에는 세포를 튼튼하게 하고 적혈구를 증가시키며 철분의 흡수를 돕는 작용을 하는 비타민 E가 많이 들어있어요. 또한 땅콩에 풍부하게 함유되어 있는 비타민 B와 레시틴, 아미노산은 머리를 좋게 해주죠. 땅콩은 산성식품이므로 김치와 같은 알칼리성 식품과 함께 섭취하는 것이 좋답니다.

재료는요

두부 ¼모, 배추김치 30g, 굴 소스 1작은술, 땅콩가루 ½큰술, 참기름 · 식용유 조금씩

cooking point 좋은 땅콩 고르기

땅콩은 껍질이 단단하고 건조가 잘 된 것이 좋아요. 껍질을 까보았을 때 껍질과 알맹이 사이가 되도록 꽉 차 있어야 합니다. 볶았을 때 국산은 알맹이가 하얀데 중국산은 갈색이 나고 알맹이 자체가 부스러지는 느낌이 납니다.

① 김치는 속을 털고 찬물에 헹궈 물기를 꼭 짠 후 송송 썬다.

② 두부는 끓는 물에 살짝 데쳐 먹기 좋게 썬다.

③ 프라이팬에 식용유를 살짝 두르고 김치를 넣고 볶다가 굴 소스와 땅콩가루를 넣고 볶은 후 불을 끄고 참기름을 약간 넣어서 섞어준다.

④ 접시에 두부를 보기 좋게 두르고 볶은 김치를 보기 좋게 가운데에 담는다.

재료	열량 Kcal	단백질 g	지질 g	칼슘 mg	비타민 B_1 mg
두부 ¼모	79	8.4	3.5	159	0.05
김치 30g	5.4	0.6	0.15	14.1	0.02
땅콩 ½큰술	44.03	2	3.71	3.75	0.02

닭고기견과류볶음

열량은 이만큼
611kcal

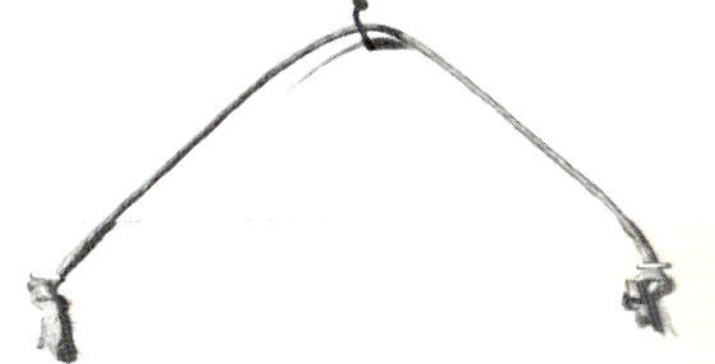

Brain point **견과류의 다양한 영양소**

견과류에는 단백질, 섬유소, 기타 영양소 및 건강을 유지시키는 식물성 성분이 다량 함유되어 있습니다. 견과류는 고지방 고칼로리 식품이지만 포만감을 주어 식욕을 조절해준답니다. 산만하거나 주의력이 부족한 아이들에게 견과류를 충분히 먹이면 도움이 되지요.

재료는요

닭다리살 150g, 청주 · 간장 1작은술씩, 고춧가루 조금, 달걀흰자 1개, 녹말가루 2큰술, 해바라기씨 · 아몬드 · 호두 15g씩, 표고버섯 1장, 청피망 · 홍피망 ¼개씩, 양파 ⅛개, 식용유 적당량, 물녹말 2큰술

양념장 다진 파 ½큰술, 다진 마늘 1작은 술, 생강즙 약간, 청주 · 간장 1큰술씩, 닭 육수 ½컵, 굴 소스 1큰술, 참기름 조금

cooking point **닭 요리 맛나게 하기**

닭고기는 다른 육류에 비해 산패가 빠른 편입니다. 바로 먹지 않을 때는 조리 직전의 상태로 손질해 얼리는 것이 좋아요. 단, 얼렸다 녹이면 영양 성분 등이 빠져 나와 닭 특유의 윤기와 탄력이 떨어져 고유의 담백한 맛이 떨어지죠. 냉장실에 서서히 해동을 하세요.

① 닭다리살은 깨끗이 씻어 먹기 좋은 크기로 썰어 청주와 간장, 후춧가루로 밑간하여 달걀흰자, 녹말가루 순으로 옷을 입혀 프라이팬에 식용유를 넉넉히 두르고 데치듯 튀겨낸다.

② 표고버섯은 갓만 저미고 양파는 네모나게 썰고 청피망, 홍피망은 씨를 턴 후 모양틀로 찍어 준다. 해바라기씨, 아몬드, 호두는 모두 곱게 다져둔다.

③ 팬에 기름을 두르고 양파와 표고버섯을 볶다가 ❶의 닭고기를 넣고 아몬드, 해바라기씨, 호두를 넣고 볶는다.

④ 볼에 분량의 양념장 재료를 넣고 고루 섞어준 후 ❸에 ❹의 양념장을 넣고 청피망, 홍피망을 넣어 고루 섞어 볶다가 물녹말을 넣어 농도를 맞춘다.

재료	열량 Kcal	단백질 g	지질 g	칼슘 mg	비타민 B_1 mg
닭다리살 150g	181.5	30.15	5.7	16.5	0
해바라기씨 1큰술	88.3	7.6	7.55	10.71	0
호두 1큰술	97	2.3	10	13.8	0.04
아몬드 1큰술	89.6	2.79	8.1	38.1	0.04

삼색동물쿠키

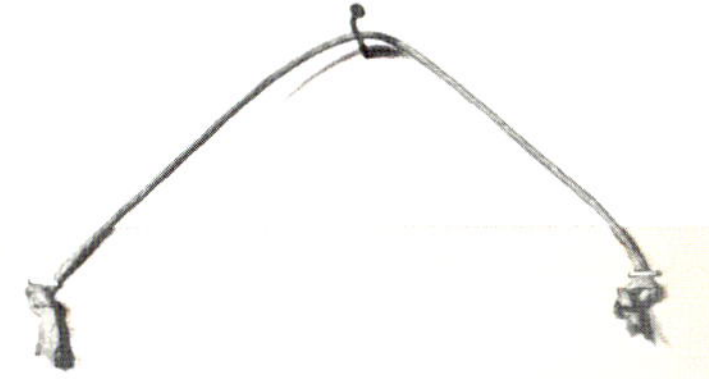

Brain point 견과류의 다양한 영양소

견과류에는 혈관 확장 작용을 하는 오메가3 지방이 들어 있습니다. 또 항산화 작용이 뛰어난 폴리페놀 성분이 함유되어 있어서 인체의 활성산소를 제거해 주는 효과도 높지요. 비타민 E와 불포화 지방산, 아미노산도 성장기 아이들에게 꼭 필요한 것이랍니다.

재료는요

밀가루(박력분) 90g, 설탕 40g, 포도씨유 3큰술, 황치즈가루 10g, 포도가루 10g, 석류가루 10g, 아몬드분말 1큰술, 호두분말 1큰술, 해바라기씨 분말 1큰술, 우유 · 설탕(토핑용) 조금

cooking point 예쁜 쿠키를 만들려면 우유를 바르세요

쿠키 표면에 우유를 바르면 겉에 묻은 밀가루를 제거해서 색이 고르게 예쁘게 나고 설탕이 표면에 잘 붙도록 한답니다. 우유를 너무 많이 발라 철판 바닥에 떨어지면 바닥이 타기 쉬워요. 쿠키 위에 설탕을 뿌려주면 오븐에서 구워 나오면서 설탕의 결정체가 남아 쿠키가 더 예뻐집니다.

① 밀가루(박력분), 설탕을 고루 섞은 후 3등분 하여 각각 포도가루, 황치즈가루, 석류가루와 고루 섞어 체에 내려둔다.

② ❶의 각각의 가루에 포도씨유와 아몬드분말, 해바라기씨분말, 호두분말을 섞은 후 각각 한 덩어리로 뭉친다.

③ 각각의 반죽을 밀대로 밀어서 쿠키 커터로 찍어 쿠키 모양을 만든다.

④ 쿠키 반죽에 우유를 바른 후 오븐 팬에 올리고 설탕을 뿌려 180℃로 예열된 오븐에서 20~25분 정도 굽는다.

재료	열량 Kcal	단백질 g	지질 g	칼슘 mg	비타민 B_1 mg
밀가루 90g	297	7.1	1.26	21.6	0
아몬드가루 1큰술	89.6	2.79	8.1	38.1	0.04
호두가루 1큰술	97	2.3	10	13.8	0.04
해바라기씨 1큰술	88.3	7.6	7.55	10.71	0

미니호두파이 (마들렌느 은박틀 3개분)

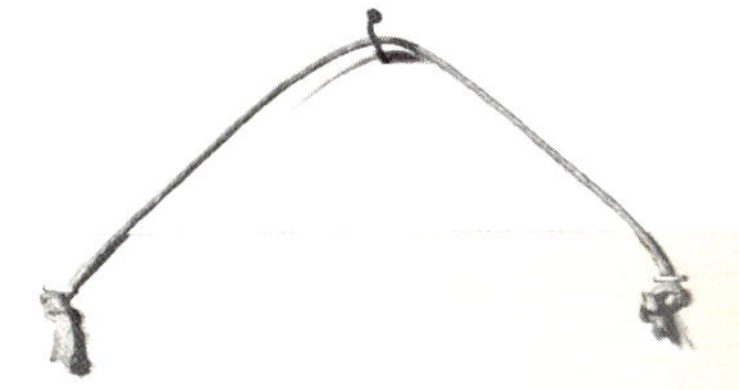

Brain point 호두의 리놀산

호두에는 두뇌발달을 돕는 폴리 불포화지방산이 들어있어요. 리놀산이 70.7%, 리놀레산이 12.4%나 함유되어 양질의 뇌세포를 만들어 혈액순환을 원활하게 하며 쾌적한 정신을 유지할 수 있게 해준답니다.

재료는요

파이 반죽 중력분 150g, 슈가 파우더 30g, 버터 100g, 계란 ½개

파이소 호두 분태 1컵, 계란 1½개, 설탕 ½컵, 물엿 ½컵, 버터 2½큰술, 소금 약간, 밀가루(중력분) 1½큰술

cooking point 맛있는 호두파이 만들기

파이 반죽을 냉장고에 넣어서 숙성시키면 반죽을 안정화시키고 밀 때 작업을 쉽게 해준답니다. 밀 때 사용하는 밀가루는 반죽이 바닥에 달라붙는 것을 방지해주고, 잘 펴지게 합니다. 너무 많이 뿌리면 반죽 표면이 마르고 얼룩 져서 파이껍질이 맛이 없어지죠.

① 밀가루와 슈거 파우더를 체에 내려 잘게 다진 버터를 넣고 보슬보슬 손으로 비비듯 섞어 달걀물을 넣고 날 밀가루가 없어 질 때까지 반죽해 3등분하여 비닐에 각각 담아 냉장고에 20분 쯤 넣어 둔다.

② 호두는 마른 팬에 황갈색이 나도록 잘 볶아준다.

③ 파이소 재료의 버터를 중탕으로 녹여 달걀과 설탕, 물엿, 소금, 밀가루를 넣고 고루 섞는다.

④ 숙성된 반죽은 바닥에 밀가루를 뿌린 후 밀대로 두툼하게 펴 파이틀에 얹은 후, 파이소 재료를 틀에 ⅔쯤 채우고 볶은 호두 분태를 올려 180도로 예열된 오븐에서 30~35분 굽는다.

재료	열량 Kcal	단백질 g	지질 g	칼슘 mg	비타민 B_1 mg
중력분 150g	495	15	2.1	28.5	0
호두분태 1컵	978	23.1	100.05	138	0
계란 1개	94.8	7.5	6.42	23.4	0.04

연어콩가루무침

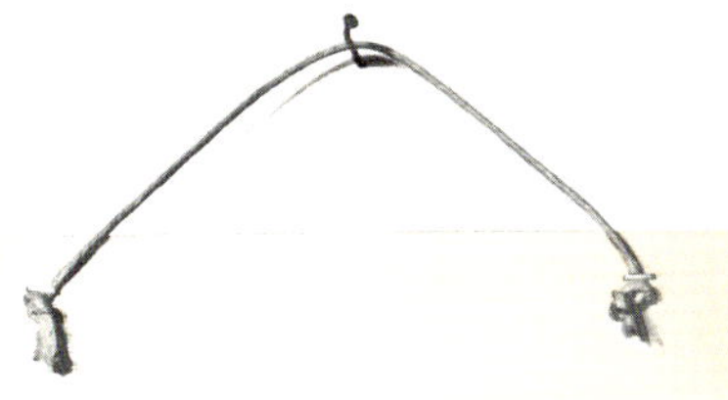

Brain point 연어의 오메가3

오메가3 지방산은 모든 연령층에서 뇌 건강에 도움이 되는 성분이죠. 오메가3 지방산에는 여러 종류가 있는데, 그 중에서도 DHA, EPA가 대표적입니다. EPA가 결핍되면 뇌의 기억력을 담당하는 해마의 크기가 점점 작아지게 된답니다. 연어에는 오메가3 지방산이 풍부하지요.

재료는요

훈제연어 100g, 팽이버섯 30g, 볶은 콩가루 ¼컵, 참기름 · 다진 마늘 · 된장 ½작은술씩, 소금 조금

cooking point 신선한 연어 고르기

연어는 붉은 살 생선으로 지방과 단백질이 풍부해 영양학적으로 아주 좋지만 맛이 비릿한 편이죠. 싱싱한 연어를 고를 때는 눈이 맑고 투명하며 육질이 단단하고 윤기가 나는 것을 선택하면 좋아요.

① 훈제연어는 한입 크기로 자르고, 팽이버섯은 밑동을 자른 다음 마른 팬에 살짝 볶아 3등분 한다.

② 준비된 팽이버섯과 훈제연어를 그릇에 담고 소금, 참기름, 다진 마늘, 된장을 넣어 고루 버무린다.

③ 먹기 직전에 볶은 콩가루를 뿌려 살짝 버무려 낸다.

재료	열량 Kcal	단백질 g	지질 g	칼슘 mg	비타민 B_1 mg
훈제연어 100g	169	23	7.7	20	0.2
팽이버섯 30g	9.6	0.87	1.89	0.6	0.6
볶은콩가루 ¼컵	162	9.32	7.92	75.2	0.16

잣달걀찜

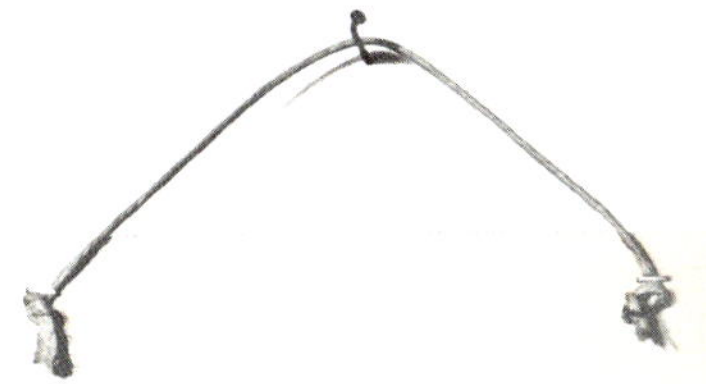

Brain point 잣의 불포화지방산

잣을 구성하는 지방은 올레산과 리놀레산 · 리놀렌산 등의 불포화지방산입니다. 아이들의 두뇌발달에 도움을 주고 기억력 향상에도 좋은 영향을 준답니다. 아이들이 수시로 먹을 수 있도록 식탁 위에 늘 올려두면 좋습니다.

재료는요

달걀 2개, 당근 · 양파 약간씩, 게맛살 ½개, 녹말가루 ½작은술, 잣가루 1작은술, 소금 조금
육수 가다랭이포 반줌, 다시마 10×10cm 1장, 물 5컵

cooking point 좋은 잣 고르기

국산 잣은 씨눈이 거의 붙어 있지 않고 표면에 상처가 많아요. 물에 담그면 기름이 조금 나오고 흰색으로 변하는 것이 적습니다. 반면 수입산은 씨눈이 붙어 있는 것이 많아요. 표면에 상처가 적고 색이 변한 낱알이 많지요. 물에 담그면 기름이 많이 나오고 대부분 흰색으로 변한답니다.

① 다시마와 가다랭이는 분량의 물을 붓고 끓여 다시 국물을 낸 후 차갑게 식힌다.

② 잣은 고깔을 제거한 후 곱게 다지고, 게맛살, 당근과 양파는 잘게 다진다.

③ 볼에 달걀과 다시국물을 섞고 녹말가루를 풀어 소금으로 간한 후 ❷의 재료를 잘 섞어 김이 오른 찜통에 넣고 10분 정도 찐다.

재료	열량 Kcal	단백질 g	지질 g	칼슘 mg	비타민 B_1 mg
달걀 2개	189.6	15	12.84	46.8	0.08
잣 1큰술	33.25	0.74	3.41	0.9	0.03
게맛살 ½개	7.84	0.76	0.06	15.26	0

삼색견과류경단

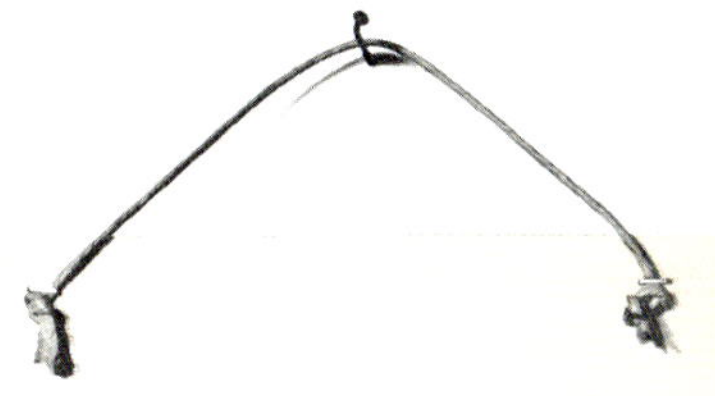

Brain point 검정깨의 리놀레산

검정깨를 흑임자라고도 하는데요. 흑임자는 뇌를 활성화시켜 머리가 좋아지게 하는 작용이 있어요. 깨의 리놀레산은 뇌를 구성하는 필수 성분인데요. 특히 레시틴이란 성분이 검정깨에 풍부하게 함유되어 있어 뇌 속의 레시틴을 많이 소비하는 아이들에게는 검정깨가 들어간 음식이 매우 좋답니다.

재료는요

멥쌀가루 1½컵, 설탕 시럽 1½큰술, 호두 · 아몬드 · 호박씨 ½큰술씩, 올리고당 1½큰술, 카스텔라가루 · 흑임자가루 · 코코아가루 · 식용유 조금씩

cooking point 좋은 호두 고르는 법

질 좋은 호두는 껍데기가 연한 황색이며 깨물어 보면 속이 꽉 차 있고 껍질이 얇고, 표면에 울룩불룩한 곳이 많은 것일수록 맛이 좋아요. 껍질을 벗긴 것은 지방 성분이 변질되기 쉽기 때문에 껍질이 있는 채로 냉장고에 넣어두면 2~3개월 장기 보관할 수 있답니다.

① 멥쌀가루에 설탕시럽을 넣고 손으로 비벼 체에 내린 후 찜기에 김이 오르면 면보를 깔고 쌀가루를 넣고 위에 면보를 덮어서 20분간 찐다.

② 호두와 아몬드, 호박씨는 곱게 다진 후 찐 쌀가루를 3등분으로 나누어 식용유를 살짝 묻혀 각각에 호두와 아몬드, 호박씨 가루를 넣고 반죽해 한 덩어리로 뭉친 후 한 입 크기로 떼어 경단을 만든다.

③ 경단에 붓으로 올리고당을 고루 바르고 카스텔라 가루, 흑임자 가루, 코코아 가루에 넣고 굴려서 3색 경단을 만든다.

재료	열량 Kcal	단백질 g	지질 g	칼슘 mg	비타민 B_1 mg
멥쌀가루 1½컵	728	13	2.6	8	0.14
호두 ½큰술	48.5	1.15	5	6.9	0.02
아몬드 ½큰술	44.8	1.395	4.05	19.05	0.02
호박씩 ½큰술	41.4	2.2	3.73	4.05	0.02

고구마팝콘버무리

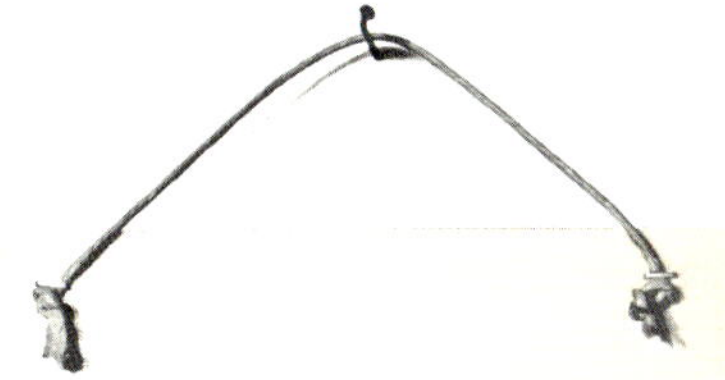

Brain point **호박씨의 철분, 마그네슘**

호박씨에는 비타민 E, 철분, 마그네슘, 아연이 풍부하고 고구마엔 뇌의 기본 원동력이 되는 포도당이 풍부하답니다. 두 재료를 함께 섭취하면 뇌의 건강과 기능 향상을 시키는데 중요한 영양분을 동시에 얻을 수 있답니다.

재료는요

고구마 1개, 팝콘 50g, 호박씨 1큰술, 올리고당 ¼컵

cooking point 팝콘 맛있게 튀기기

맛있는 팝콘을 튀기려면 프라이팬 바닥에 옥수수 알이 반 정도 깔리게 넣은 다음, 식용유 두 숟가락과 소금을 조금 넣어 뚜껑을 덮습니다. 먼저 센 불로 알맹이들이 고루 열을 받도록 한두 번 저어줍니다. 알이 튀기 시작하면 불을 중간 정도로 줄이고, 알맹이의 반 정도 튀겨지면 약하게 줄이면서 중간에 냄비를 통째로 여러 번 흔들어줍니다.

① 고구마는 삶아 으깨고, 호박씨는 곱게 다져서 볼에 넣고 고루 섞은 후 한 입 크기로 동글동글하게 빚는다.

② ❶에 준비한 올리고당을 고루 묻힌다.

③ 넓은 접시에 팝콘의 껍질을 떼고 굵게 빻은 후 ❷를 굴려 버무린다.

재료	열량 Kcal	단백질 g	지질 g	칼슘 mg	비타민 B_1 mg
고구마 1개	192	2.1	0.3	36	0.09
팝콘 50g	215	4.7	23.7	147.2	20.9
호박씨 1큰술	82.8	4.4	7.46	8.1	0.05

호두코코넛쿠키

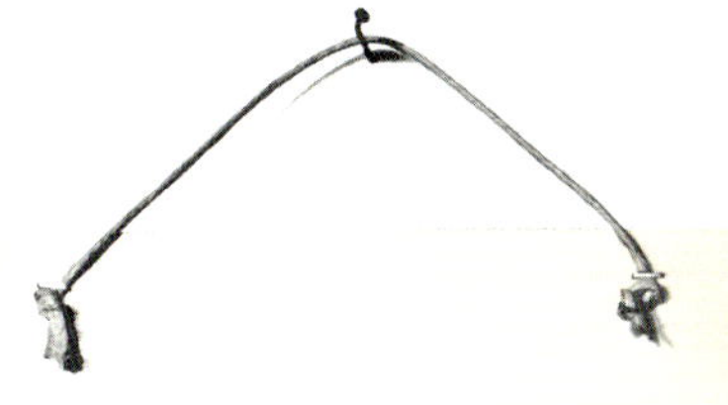

Brain point **호두의 오메가3, 6**

호두에 들어 있는 오메가3와 오메가6는 두뇌 세포 간의 활발한 교류를 돕고, 비타민 E는 집중력과 기억력 향상에 도움을 줍니다. 또한 호두에는 두뇌발달에 필요한 비타민 A · B, 미네랄도 들어있답니다.

재료는요 박력분 100g, 베이킹파우더 5g, 버터 50g, 설탕 50g, 달걀물 ½개, 다진 호두 50g, 코코넛 40g, 소금 조금

cooking point 호두코코넛쿠키 맛있게 만들기

호두를 싫어하는 아이들을 위해서 믹서에 갈아서 넣으면 더욱 먹기가 좋겠지요. 쿠키 반죽을 팬에 올릴 때는 꼭 일정한 간격을 두고 올려야 쿠키가 구워졌을 때 서로 붙지 않아 모양도 예쁘고 더욱 맛있는 쿠키를 만들 수 있답니다.

① 볼에 버터, 설탕, 소금을 넣고 핸드블렌더로 고루 섞는다.

② ❶의 재료에 설탕이 ½정도 녹았을 때 달걀물을 2~3회 나누어 섞어준다.

③ ❷에 박력분, 베이킹파우더, 소금을 고운 체에 내려 섞어준 후 호두와 코코넛을 넣어 고루 섞어준다.

④ 오븐판에 종이호일을 깔고 반죽을 수저로 적당한 크기로 떼어 일정한 간격으로 놓은 후 180℃로 예열된 오븐에 20~25분 정도 굽는다.

재료	열량 Kcal	단백질 g	지질 g	칼슘 mg	비타민 B_1 mg
박력분 100g	330	7.9	1.4	24	0.12
다진 호두 50g	326	7.7	33.35	46	0.12
코코넛 40g	51.2	0.72	3.28	21.88	0

바나나너츠파운드케이크

(소파운드 1개분)

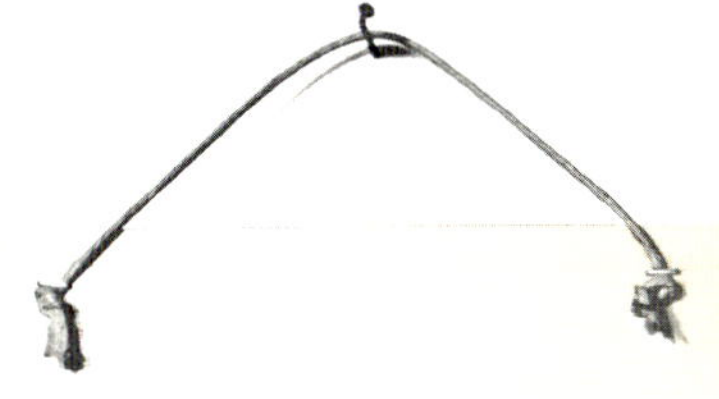

Brain point 바나나의 비타민 B_6

바나나 속에 함유된 비타민 B_6, 비타민 A, 베타카로틴은 뇌에 유해한 활성산소와 활성질소의 제거 능력이 우수하고, 학습 및 기억과 밀접한 관련이 있는 아세틸콜린의 분해를 막아주는 효과가 있답니다.

재료는요

중력분 150g, 베이킹파우더 10g, 바나나 2개, 다진 호두 50g, 아몬드 슬라이스 30g, 호박씨 30g, 달걀 2개, 설탕 70g, 우유 ¼컵, 포도씨유 50g, 소금 약간

cooking point 파운드케이크에 말린 과일 넣기

과일을 넣으면 풍미와 영양이 더욱 높아집니다. 수분이 있는 과일은 구우면서 밑으로 가라앉거나, 구운 후에도 속에 수분이 남아 맛이 떨어져요. 건과일을 잘 불린 후 물기를 빼고 밀가루에 버무려 넣으면 가라앉지도 않고 잘 구울 수 있어 더욱 맛있는 파운드케이크를 만들 수 있답니다.

① 볼에 달걀물과 우유, 포도씨유를 넣고 섞은 후 설탕, 소금을 넣고 잘 풀어준다.

② 중력분과 베이킹파우더는 고운 체에 내려 준비하고, 바나나는 포크로 으깨서 호두, 아몬드 슬라이스, 호박씨를 같이 넣고 섞어준다.

③ ❶에 ❷의 가루와 바나나, 호두, 아몬드, 호박씨를 넣고 고루 반죽한다.

④ 작은 파운드 케이크틀에 유산지를 깔고 ❸의 반죽을 넣어 180℃로 예열된 오븐에서 30분 정도 굽는다

재료	열량 Kcal	단백질 g	지질 g	칼슘 mg	비타민 B_1 mg
중력분 150g	495	15	2.1	28.5	0.35
바나나 2개	186	2.4	0.4	14	0.08
다진 호두 50g	326	7.7	33.35	46	0.12
아몬드 슬라이스 30g	179.2	5.58	16.2	76.2	0.08
호박씨 30g	165.6	8.8	14.92	16.2	0.1

호두현미죽

열량은 이만큼 788kcal

재료	열량 Kcal	단백질 g	지질 g	칼슘 mg	비타민 B1 mg
호두 15g	97	2.3	10	13.8	0.04
현미 ½컵	314	9	2.7	6.3	0.03
찹쌀 ½컵	336	6.66	0.36	3.6	0.13

Brain point **호두의 비타민 A · B**

호두에는 두뇌발달에 필요한 비타민 A · B, 미네랄이 들어있답니다. 호두에 들어 있는 오메가3, 오메가6은 두뇌 세포 간의 활발한 교류를 돕고, 비타민 E는 집중력과 기억력 향상에 도움을 줍니다.

재료는요

호두 15g, 현미 1컵, 찹쌀 ½컵, 물 6컵, 설탕 · 소금 조금씩, 고명(호두, 잣)

① 호두는 뜨거운 물에 불려 속껍질을 벗겨 믹서에 물 3컵을 붓고 곱게 갈아 고운 체에 걸러 호두 앙금과 내린 물을 분리하여 둔다.
② 현미와 찹쌀은 씻어 30분쯤 불려 물 3컵과 믹서에 갈아 고운 체에 거른다.
③ 냄비에 갈아둔 호두의 윗물을 부어 서서히 끓어오르면 ❷의 현미를 넣고 저어가면서 푹 끓이다가 어느 정도 쌀알이 익으면 ❶의 호두 앙금을 넣고 약불에서 뭉근히 끓이며 잘 저어준다.
④ 불을 끄고 뚜껑을 덮은 채 10분 쯤 뜸을 들인 후 소금으로 간하고 호두나 잣을 고명으로 얹어낸다.

검은콩흑임자죽

열량은 이만큼
623.6kcal

재료	열량 Kcal	단백질 g	지질 g	칼슘 mg	비타민 B1 mg
쌀 ½컵	313.2	5.94	0.36	12.6	0.09
검은깨 2큰술	111.8	3.68	10.28	247.4	0.04
검은콩 ¼컵	182.5	15.62	7.16	64.35	0.14

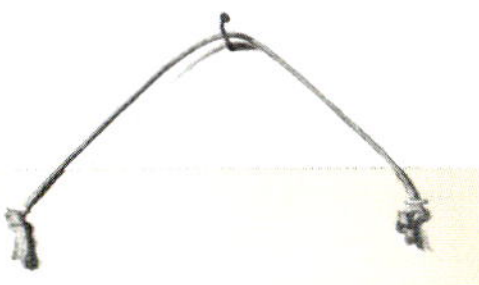

Brain point **검은콩의 이소플라본**

검은콩에는 이소플라본 성분이 많습니다. 노화억제와 항암 효과가 일반 콩에 비해 4배 이상 높고, 체내 흡수율 또한 훨씬 좋습니다. 또 불포화지방산이 풍부하여 동맥경화 예방과 콜레스테롤 침착을 막아주는 효능이 있습니다.

재료는요 쌀 ½컵, 검은깨, 검은콩 ½컵씩, 물 4컵, 설탕, 소금 조금씩, 잣 3알(고명)

① 쌀은 반나절쯤 불려 믹서에 물 1컵과 함께 곱게 간다.
② 검은콩은 불려 믹서에 갈고, 검은깨도 곱게 갈아둔다.
③ 냄비에 물 3컵을 넣고 ❶의 갈은 쌀과 ❷의 검은 콩 갈은 것을 넣어 센 불에서 끓이다가 끓기 시작하면 ❷의 검은깨 갈은 것을 넣고 약한 불로 줄여 눌어붙지 않게 저어가며 부드러운 죽 농도가 될 때까지 계속 끓인다.
④ 불을 끄고 뚜껑을 덮은 채 약 10분간 뜸 들인 후 소금으로 간하고, 잣을 얹어낸다.

은행시금치죽

열량은 이만큼
502.6kcal

재료	열량 Kcal	단백질 g	지질 g	칼슘 mg	비타민 B1 mg
쌀 ½컵	313.2	5.94	0.36	12.6	0.09
은행 50g	91.5	2.7	0.85	2.5	0.2
시금치 3잎	4	0.47	0.08	6	0.02

Brain point 은행의 무기질

은행은 폐와 심장을 튼튼하게 해주고, 기침을 가라앉히며, 피를 맑게 하는 효과가 있습니다. 또 신경을 안정시키고, 몸속의 독과 유해산소를 없애주는 효능도 있습니다. 주성분은 당질이지만, 칼슘, 철분, 비타민 A, 비타민 C, 나이아신 등도 들어 있습니다.

불린 쌀 1컵, 은행 ½컵, 시금치잎 3장, 물 6컵, 설탕, 소금 조금씩, 잣 3알(고명)

① 쌀은 반나절쯤 불려 믹서에 물 3컵과 곱게 갈아 체에 거른다.
② 은행은 뜨거운 물에 불려 껍질을 벗기고, 잣은 고깔을 떼어 마른 행주로 닦는다.
③ 시금치 잎은 깨끗이 씻어 데친 후 잘게 다져 준비한 은행과 잣, 물 3컵과 함께 믹서에 갈아 체에 거른다.
④ 냄비에 ❶을 넣고 센 불에서 끓이다가 끓어오르면 ❸을 넣고 약한 불에서 나무주걱으로 저어가며 뭉근히 끓인다.
⑤ 불을 끄고 뚜껑을 덮은 채 약 10분쯤 뜸을 들인 후 소금과 설탕으로 간하고, 잣을 고명으로 얹어낸다.

땅콩죽

열량은 이만큼 522kcal

재료	열량 Kcal	단백질 g	지질 g	칼슘 mg	비타민 B1 mg
쌀 ½ 컵	313.2	5.94	0.36	12.6	0.09
땅콩 ¼ 컵	200.1	11.16	20.34	23.4	0.23

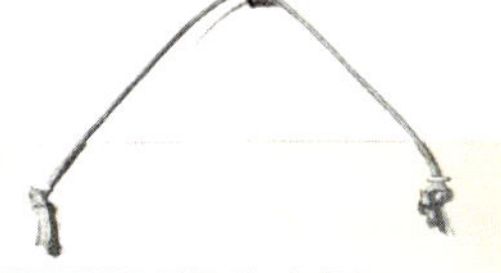

Brain point **땅콩의 비타민 E**

땅콩은 기름 함량이 44~56%, 단백질이 22~30%로 양질의 기름과 단백질원이랍니다. 콜레스테롤 수치를 낮춰주므로 고기를 좋아하는 아이에게 자주 먹이면 좋습니다. 다량의 비타민 E를 함유하고 있어 노화 방지나 피부미용에 효과가 있고, 비타민 B_1, B_2가 많아 피로회복에 좋아요.

쌀 1컵, 물 5컵, 땅콩 ½ 컵, 소금 조금, 고명용 땅콩 2알

① 쌀은 반나절쯤 불려 믹서에 물 2컵을 넣고 곱게 간다.
② 땅콩은 속껍질을 벗겨 믹서에 물 1컵과 곱게 간다.
③ 냄비에 ❶의 쌀과 물 2컵을 넣고 센 불에서 끓이다가 끓어오르면 ❷의 갈은 땅콩을 넣고 나무주걱으로 저으면서 약한 불에서 뭉근하게 끓인다.
④ 불을 끄고 뚜껑을 덮은 채 약 10분간 뜸을 들인 후 소금 간을 한다. 고명으로 땅콩 2알 정도를 굵게 다져 얹는다.

대추잣죽

열량은 이만큼 752.5kcal

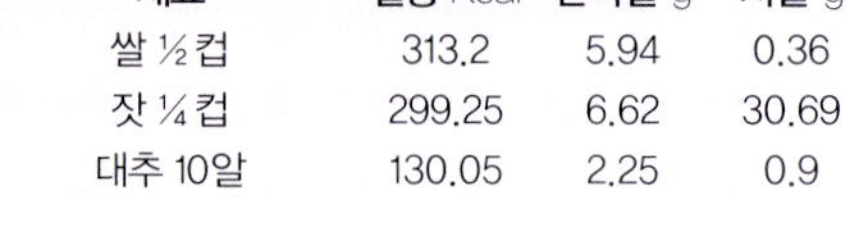

재료	열량 Kcal	단백질 g	지질 g	칼슘 mg	비타민 B1 mg
쌀 ½컵	313.2	5.94	0.36	12.6	0.09
잣 ¼컵	299.25	6.62	30.69	8.1	0.25
대추 10알	130.05	2.25	0.9	8.1	0.06

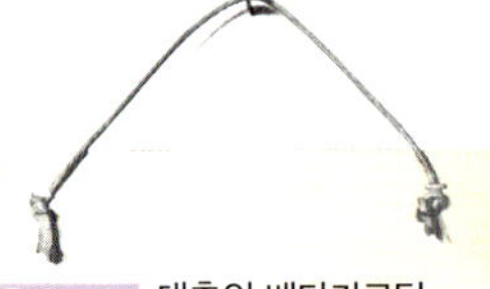

Brain point 대추의 베타카로틴

대추의 비타민과 식이성섬유, 플라보노이드, 미네랄 등은 노화를 방지하는 동시에 항암 효과도 가지고 있습니다. 대추에 풍부한 베타카로틴은 체내의 유해 활성산소를 여과, 흡착 제독하는 작용을 하여 노화를 방지하는 역할을 합니다. 대추 4~5알이면 하루 필요 섭취량이 된답니다.

재료는요 잣 1컵, 대추 10알, 찹쌀 1컵, 물 5컵, 소금, 설탕 조금씩

① 잣은 마른행주로 닦아 10개는 키친타월에 올려 곱게 다지고 나머지는 물 1컵과 믹서에 곱게 갈아 체에 받쳐 앙금을 가라앉힌다.

② 대추는 깨끗이 씻어 마른 행주로 물기를 닦고 돌려 깎아 씨를 뺀 다음 곱게 다진다.

③ 찹쌀은 반나절쯤 불려 물 2컵을 붓고 곱게 갈아 체에 밭쳐 둔다.

④ 냄비에 ❸과 물 3컵을 넣고 센 불에서 끓이다가 끓어오르면, 가라앉힌 잣 앙금과 다진 대추를 넣고 약한 불에서 뭉근하게 끓인다.

⑤ 불을 끄고 뚜껑을 덮은 채 약 10분간 뜸을 들인 후 소금 간을 한다. 고명으로 잣 다진 것과 돌려깎은 대추를 얹는다.

밤단팥죽

열량은 이만큼
693.2kcal

재료	열량 Kcal	단백질 g	지질 g	칼슘 mg	비타민 B1 mg
팥 1컵	561.6	37.98	0.9	174.6	0.77
삶은 밤 5개	81	1.6	0.3	14	0.15

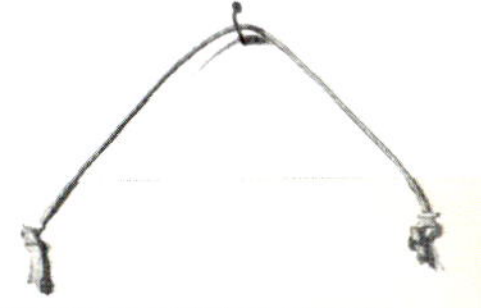

Brain point **팥의 항산화물질**

팥에는 항산화활성이 비타민 C의 50배, 비타민 E의 20배 정도나 되는 프로안토시아닌이 g당 2.5mg 함유돼 있다고 합니다. 팥은 우유보다 단백질이 6배, 철분이 117배, 니아신(비타민 B_3)은 23배가 많아서 심장, 간, 혈관 등의 지방 축적을 막아주는 효과도 높습니다.

팥 1컵, 물 5컵, 밤 삶은 것 5개, 설탕 2큰술, 소금 조금

① 밤은 삶아 껍질을 벗겨 으깨어둔다.
② 팥은 깨끗이 씻어 물 2컵과 삶는다. 한소끔 끓으면 첫 물은 따라 버리고 다시 물 3컵을 부어 팥알이 터지도록 30~40분 정도 삶는다.
③ 마지막에 ❶의 삶은 밤을 넣고 살짝 더 끓인 후 설탕과 소금으로 간한다.

즐거운 Cooking Play

놀이 시간 1시간 **대상** 6~9세

고소한 아이스크림

놀이 목표는요…

견과류를 싫어하는 아이들에게 여러 가지 견과류를 넣어 아이스크림을 만들어 먹고, 공작 놀이를 하면서 식습관을 바꿀 수 있게 도와줍니다.

준비물은요…

호두, 잣, 아몬드, 우유, 생크림, 올리고당, 믹서

이렇게 놀아주세요 

1. 여러 가지 견과류를 탐색해본다.
2. 견과류의 영양분에 대해서 알아본다.
3. 우유에 생크림을 1대 1로 섞고 견과류와 올리고당을 넣어 믹서기로 갈아준다.
4. 냉동실에 넣고 얼려서 아이스크림을 만들어 먹는다.

더 놀아주세요 

유산균 음료나 페트병에 견과류를 채우고, 색종이와 다른 견과류를 이용하여 재미난 인형을 만들어본다.

재료 : 페트병, 색종이, 글루건, 견과류, 장식 재료

볼에 얼음을 넣고 굵은 소금을 뿌린 후 스테인리스 볼에 아이스 원액을 넣고 휘핑기로 돌려주면 즉석에서 아이스크림을 만들 수 있지요.

즐거운 Cooking Play

놀이 시간 70분 대상 5~8세

곰돌이 약밥

놀이 목표는요…

여러 가지 견과류를 넣어 곰돌이 모양으로 약밥을 만들고, 곰돌이 가면을 만들어 쓰고 놀면서 곰 세 마리 노래를 신나게 불러봅니다.

준비물은요…

찹쌀, 밤, 대추, 해바라기씨, 호박씨, 간장, 설탕, 계피가루, 참기름, 압력밥솥
소스 불린 찹쌀 3컵 기준 : 진간장 4큰술, 설탕 ⅓ 컵, 계피가루 ½ 작은술, 올리고당 1큰술, 참기름 1큰술

이렇게 놀아주세요 

1. 찹쌀과 멥쌀이 어떻게 다른지, 그 이유에 대하여 알아본다.
2. 찹쌀로 만드는 음식과 멥쌀로 만드는 음식에는 어떤 것이 있는지 종류를 대본다.
3. 약밥에 들어가는 재료를 탐색한다.
4. 곰돌이 약밥 만들기
   ❶ 찹쌀을 불려 준비한다.
   ❷ 간장, 설탕, 올리고당, 계피가루를 섞어서 준비한다.
   ❸ 곰돌이 얼굴을 꾸밀 여분의 견과류를 제외하고 나머지도 찹쌀과 같이 쪄준다. (20분)
   ❹ 약밥을 참기름으로 버무린다.
   ❺ 곰돌이 얼굴 모양으로 만든다.
   ❻ 밤, 대추, 해바라기씨, 호박씨로 얼굴을 꾸민다.

이렇게 더 놀아주세요 

곰돌이 약밥의 얼굴을 도화지에 그려보고 남은 견과류를 이용하여 얼굴을 꾸민 후 가위로 오려서 가면을 만든다.

재료 : 페트병, 색종이, 글루건, 견과류, 장식 재료

아이가 좋아하는 다른 동물로 약밥의 얼굴을 만들면 더 재미있어합니다.

즐거운 Cooking Play

음악놀이

놀이 시간 60분 대상 6~9세

견과류 악기

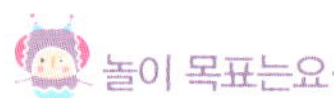

놀이 목표는요…

크기가 다른 견과류를 넣어 악기를 만들어 흔들어 보면서 크기에 따른 다른 소리에 대하여 알아봅니다.

준비물은요…

여러 가지 견과류, 유산균 음료수 병 3개, 컬러 고무 밴드, 색종이, 가위, 물풀

이렇게 놀아주세요 

1. 여러 가지 견과류에 대하여 탐색해본다.
2. 견과류에 대한 영양에 대하여 알아본다.
3. 견과류로 악기 만들기
   ❶ 3개의 병에 각각의 다른 크기의 견과류를 넣는다.
   ❷ 색종이로 입구를 막고 컬러 고무 밴드로 묶어준다.
   ❸ 색종이로 악기를 꾸며준다.
4. 악기를 흔들어보고 소리를 표현해본다.
5. 노래에 맞추어 악기를 흔들며 연주해본다.

이렇게 더 놀아주세요 

어린이 음악대 동요에 맞추어 악기를 흔들며 노래를 불러본다.

견과류 악기를 만드는 용기로 유산균 음료수 병 대신 음료수 유리병, 일회용 투명 플라스틱을 사용할 수 있습니다.

과학놀이

놀이 시간 60분 대상 4세~7세

배고픈 애벌레

놀이 목표는요…

배고픈 애벌레 동화를 들으면서 식습관의 중요성을 깨닫고, 고구마가 익는 과정을 통하여 전분의 호화에 대하여 알 수 있습니다.

준비물은요…

배고픈 애벌레 동화책, 고구마, 올리고당, 견과류, 카스텔라, 검은깨, 볶은 콩가루, 나무꼬지, 체, 찜기, 믹서기

이렇게 놀아주세요 

1. 배고픈 애벌레를 동화구연한다.
2. 나쁜 식습관과 좋은 식습관에 대해서 이야기한다.
3. 고구마 경단 애벌레를 만들기
   ❶ 생 고구마와 익은 고구마를 비교해 보면서 전분에 호화에 대해서 알아본다.
   ❷ 고구마를 껍질을 벗긴 후 비닐 봉투에 넣고 으깨준다.
   ❸ 견과류를 믹서기에 갈아서 준비한다.
   ❹ 으깬 고구마에 갈은 견과류와 올리고당을 넣고 섞어준다.
   ❺ 카스텔라를 체에 으깨서 준비한다.
   ❻ 고구마를 동그랗게 경단을 만들어 카스텔라, 검은 깨, 볶은 콩가루에 굴려 나무꼬지에 꽂은 후 견과류를 이용하여 애벌레를 만들어준다.

이렇게 더 놀아주세요 

지금까지 아이가 싫어했던 채소에게 친하게 지내자는 그림 편지를 쓴다.

고구마 경단에 사용하는 고구마는 밤고구마를 사용하면 경단을 만들기에 좋습니다.

즐거운 Cooking Play

놀이 시간 80분 놀이 6~9세

나를 친구들에게 소개해요!

놀이 목표는요…

팬케이크를 만들어 견과류를 이용하여 내 얼굴을 꾸며 보고 친구들에게 나를 소개하는 시간을 가질 수 있습니다.

준비물은요…

핫케이크 가루, 우유, 계란, 견과류, 사과 쨈, 휘핑기, 믹서기, 프라이팬, 식용유

이렇게 놀아주세요 

1. 나에 대해서 생각해 본다.
2. 팬케이크을 만들어 본다.
   가. 견과류를 믹서기에 갈아서 준비한다.
   나. 핫케이크 가루를 채를 치고, 우유, 계란을 넣고 휘핑기로 섞어준다.
      – 핫케이크 가루 500g, 우유 270g, 계란 2개
   다. 달궈진 프라이팬에 기름을 두른 후 잘 닦아준다.
   라. 반죽을 한 국자 떠서 동그랗게 펼 친 후 기포가 올라올 때 까지 구운 후 뒤집어서 더 구워 준다.
   마. 구워진 팬케이크에 사과잼을 발라 준 후 견과류를 이용하여 내 얼굴을 꾸며준다.

이렇게 더 놀아주세요 

친구들에게 나를 소개해 본다

팬케이크는 약한 불에서 3~4분 정도 구워 표면에 잔기포가 생기면 뒤집어서 3~4분 정도 더 구워준다

견과류는 어떻게 먹는 게 좋을까?

견과류는 슈퍼푸드로 불리는 건강에 도움을 주는 매우 유익한 식품이다. 하루 적정량씩, 꾸준히 섭취하면 건강하게 사는데 도움이 된다. 학계에서 제안하는 견과류 권장섭취량은 하루 28그램(1온스)이다. 1온스 견과류 섭취법이라고 한다.
견과류 1온스에는 약 14~15g의 불포화지방이 함유되어 있다. 정도에 따라 차이가 있지만 28그램(1온스)의 견과류는 160~180kcal의 열량을 낸다고 한다.
매일 1온스씩 견과류를 섭취하거나 적어도 주 4회 이상은 섭취하면 심혈관계가 튼튼해지고, 체중조절, 당뇨병 예방 등을 할 수 있다고 한다.

땅콩 – 고지방 저단백의 고칼로리 식품이다. 볶은 땅콩은 산패하기 쉽기 때문에 보관을 잘 해야 한다. 알레르기 유발 식품 중 하나로 알레르기 반응이 있는 사람은 섭취를 피해야 한다.

아몬드 – 비타민 E, 칼슘, 칼륨, 식이섬유 등이 많이 함유되어 있다. 쓴맛이 나는 아몬드는 섭취하지 않는 것이 좋다.

참깨 – 식이섬유, 단백질, 지방, 칼슘이 풍부하고 특유의 고소한 맛 덕분에 음식의 풍미를 살리는 역할을 한다.

해바라기씨 – 단백질, 칼륨, 비타민 E, 비타민 B_1, 엽산 등이 다량 함유되어 있다. 생으로 먹거나 볶아 먹으며, 기름을 짜서 먹는다.

호두 – 불포화지방산(특히 오메가3), 비타민 B_1 등이 풍부한 고칼로리 식품이다. 껍질을 깐 호두는 산패하기 쉬우므로 보관에 주의해야 한다.

Brain Food
똑똑한 유제품 밥상

PART 2

Milk food Cooking

버터, 치즈, 요구르트 등의 유제품에는
완전식품으로 꼽히는 우유가 풍부하게 들어있습니다.
우유에는 성장기 아이들에게 꼭 필요한 영양소인
칼슘과 지방질, 단백질이 풍부합니다. 우유를 가공한 크림, 버터, 치즈,
발효유 등에 들어있는 영양분을 아이에게
더 쉽게 먹이는 똑똑한 브레인 푸드는 어떤 것이 있을까요.

떡치즈말이

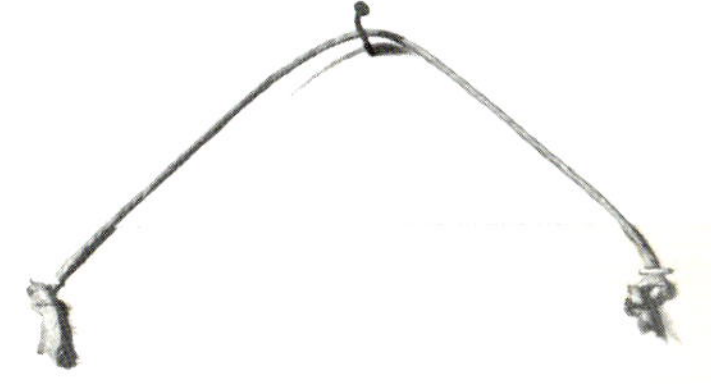

Brain point 치즈의 칼슘

아이들의 영양 간식 치즈에는 칼슘이 많이 들어 있습니다. 치즈의 칼슘 흡수율은 55% 이상으로 우유보다 훨씬 높답니다. 짠맛이 강하므로 떡과 같은 담백한 식품을 곁들여 먹으면 더 좋습니다. 짠맛에 길들이지 않게 하는 좋은 방법이지요.

재료는요

절편 4개, 모차렐라 치즈 2큰술, 식용유 조금
양념장 고추장 ½큰술, 토마토케첩 1큰술, 물엿 1½큰술, 굴 소스 ½작은술, 다진 마늘 ½작은술, 참기름 조금

cooking point 떡 맛있게 오래 먹기

방앗간에서 해온 떡은 바람이 통하는 채반에 두세 시간 펼쳐놓아 어느 정도 말린 다음 종이봉투에 먼저 싸고, 비닐로 다시 싸서 냉동 보관하면 좋아요. 먹기 전에 김 오른 찜통에 7분 정도 쪄서 먹으면 금방 쪄낸 떡처럼 맛있답니다.

① 말랑말랑한 절편을 조금씩 떼내어 밀대로 밀어서 둥글넓적하게 만든다.

② 납작해진 떡 위에 모차렐라 치즈를 올려준 후 김밥처럼 돌돌 말아 이쑤시개로 고정하고, 180℃로 예열된 오븐에서 15~20분 정도 구워준다.

③ 분량의 양념장을 고루 섞어 프라이팬에 잘 볶아서 양념 소스를 만든다.

④ ❷의 구워진 떡 위에 준비한 양념장을 끼얹어 낸다.

재료	열량 Kcal	단백질 g	지질 g	칼슘 mg	칼륨 mg
절편 4개	440	8.8	1.6	30	0.06
모짜렐라치즈 2큰술	86.4	5.8	6.48	155.1	20.1

참치치즈롤밥

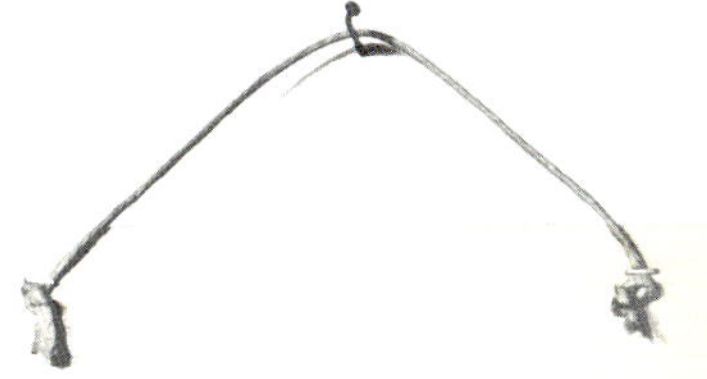

Brain point 참치의 DHA

DHA는 뇌를 구성하는 지방 성분의 10%를 차지합니다. 뇌 기능을 활성화하는데 중요한 역할을 하지요. 등 푸른 생선에 DHA가 많은데, 특히 참치에 함유된 DHA 비율이 제일 높다고 합니다. 오메가3 지방산은 뇌 세포막의 성분이 되는 것으로, 뇌에 영양을 공급해줍니다.

밥 ⅔공기, 김밥용 김 1장, 슬라이스 치즈 1장, 참치(통조림) 50g, 마요네즈 1작은술, 참깨 · 참기름 · 소금 조금씩

cooking point 밥 맛있게 짓기

쌀을 대여섯 번 씻어서 쌀뜨물을 따라 낸 다음, 물을 손등까지 오게 맞춘 다음 30분 동안 불립니다. 쌀을 물에 30분 이상 담가 두면 쌀알이 부서져 밥이 푸석거리기 쉬우므로 미리 쌀을 씻어둘 때는 체에 밭쳐서 냉장고에 보관했다가 밥을 지으세요. 사방 5센티 크기로 다시마를 잘라서 넣어 주면 밥맛이 더욱 좋아지죠.

① 밥에 참기름, 소금, 참깨를 넣고 섞는다. 김은 2cm 두께로 길게 자른다.

② 통조림용 참치는 체에 담아 끓는 물을 끼얹어 기름기기를 뺀다.

③ 슬라이스 치즈는 동그란 모양틀로 찍고 ❷의 참치는 볼에 담아서 마요네즈를 넣어 잘 버무린다.

④ ❶의 밥을 한 입 크기로 동그랗게 뭉쳐 김으로 가장자리를 돌린 후 ❸의 치즈와 참치를 함께 올린다.

재료	열량 Kcal	단백질 g	지질 g	칼슘 mg	칼륨 mg
밥 ⅔공기	204.4	3.78	0.28	2.8	35
슬라이스 치즈 1장	76.14	4.63	6.08	133.2	15.3
참치통조림 50g	116.5	9.75	8.25	3	123

김치치즈볶음

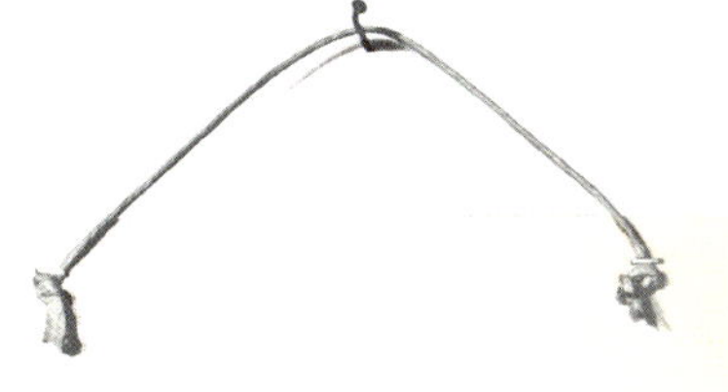

Brain point 치즈의 레시틴

치즈에는 뇌 세포의 20~30%를 차지하는 물질인 레시틴이 있습니다. 레시틴을 꾸준히 먹으면 아이들 머리가 더욱 좋아진답니다.

재료는요

배추김치 · 양배추 50g씩, 당근 20g, 목이버섯 2장, 치즈가루 ½큰술, 굴 소스 ½큰술, 식용유 적당량

cooking point 신 김치 신맛 제거하기

김치의 신맛을 제거하려면 김치에 조개껍질을 반나절에서 하루 정도 넣어두면 좋아요. 조개껍질의 석회질이 김치의 산과 중화반응을 일으켜 신맛이 제거된답니다.

① 배추김치는 찬물에 헹궈 양념을 털고 꼭 짜서 매운맛을 조금 빼고 송송 썬다.

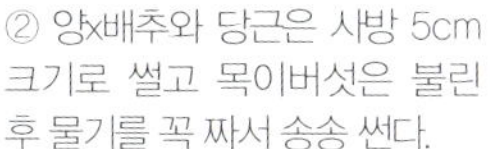

② 양배추와 당근은 사방 5cm 크기로 썰고 목이버섯은 불린 후 물기를 꼭 짜서 송송 썬다.

③ 팬에 식용유를 두르고 ❶의 배추김치를 볶는다.

③ 배추김치가 어느 정도 익으면 양배추, 당근, 목이버섯을 넣고 굴 소스를 넣어 볶는다.

④ 불을 끄고 치즈가루를 뿌려 고루 섞는다.

재료	열량 Kcal	단백질 g	지질 g	칼슘 mg	칼륨 mg
배추김치 50g	5.4	1	0.25	23.5	150
양배추 50g	15.5	0.7	0.1	19	111
치즈가루 ½큰술	34.19	3.12	2.25	103.18	8.03

주꾸미치즈떡볶음

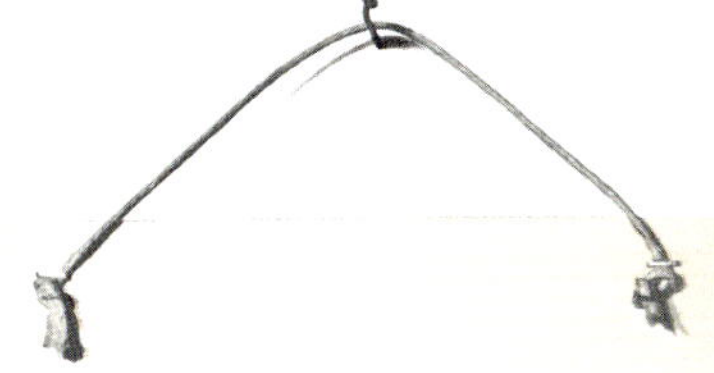

Brain point 주꾸미의 필수 아미노산

주꾸미는 칼로리가 낮지만 아이들에게 꼭 필요한 필수아미노산이 풍부하고, 불포화지방산과 DHA가 많습니다. DHA는 뇌세포를 구성하는 성분으로, 두뇌를 활성화시키며 뇌 속의 혈액순환이 잘 되도록 도와준답니다.

재료는요

떡볶이떡 150g, 모차렐라치즈 ½컵, 주꾸미 2마리, 양배추 20g, 양파, 당근 ⅛개, 설탕 1큰술, 다진 마늘 ½작은술, 청주 1작은술, 간장 2큰술, 식용유 · 굵은 소금 · 후춧가루 · 참기름 · 깨소금 조금씩

cooking point 주꾸미 손질하기

주꾸미는 굵은 소금을 듬뿍 뿌려 박박 문질러 씻어 찬물로 헹군 다음, 거품이 어느 정도 가시면 밀가루를 뿌려서 다시 조물조물 주물러서 헹궈주면 이물질이 말끔히 제거됩니다.

① 주꾸미는 굵은 소금으로 박박 문질러 씻은 후 끓는 물에 살짝 데쳐서 2cm 길이로 잘라 준비한 양념에 고루 버무려둔다.

② 떡은 끓는 물에 살짝 데쳐 물기를 뺀 후 참기름과 간장으로 버무린다.

③ 양파와 당근, 양배추는 채 썰어 둔다.

④ 달궈진 팬에 식용유를 두르고 다진 마늘을 볶다가 재워둔 ❶의 주꾸미를 넣고 청주를 넣어 센 불에서 살짝 볶는다.

⑤ ❹에 ❷와 ❸의 떡과 채소를 넣고 볶다가 간장, 설탕, 깨소금으로 간을 한 다음 불을 끄고 모차렐라 치즈를 넣어 섞는다.

재료	열량 Kcal	단백질 g	지질 g	칼슘 mg	칼륨 mg
떡볶이떡 150g	360	7.05	0.75	3	37.5
모차렐라치즈 ½컵	285.12	19.14	21.384	511.83	66.33
쭈꾸미 2마리	63.6	13.8	0.72	21.6	212.4

미역치즈크로켓

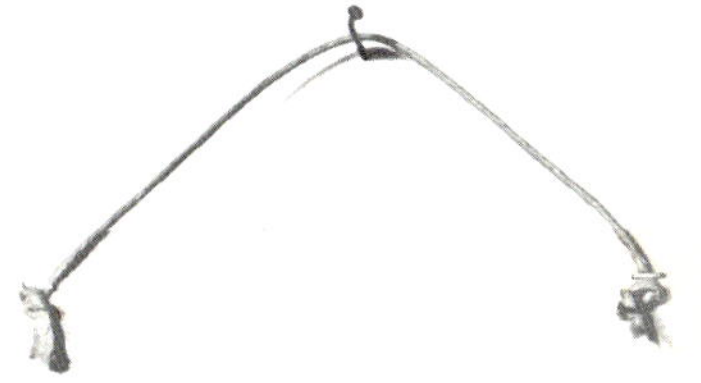

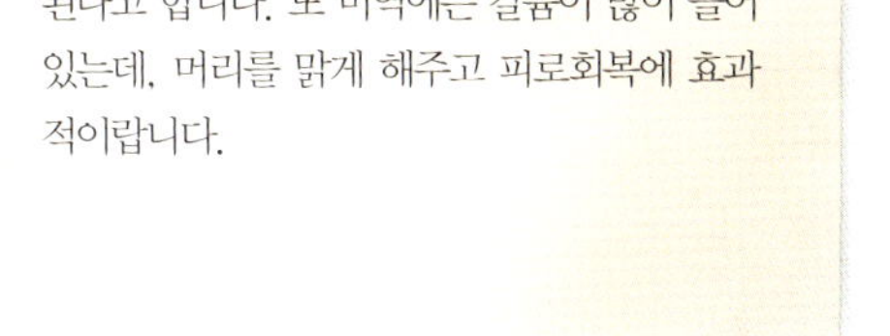

Brain point 미역의 요오드

미역에는 요오드가 풍부합니다. 요오드는 두뇌 발달에 도움을 주는 갑상선 호르몬의 재료가 된다고 합니다. 또 미역에는 칼륨이 많이 들어 있는데, 머리를 맑게 해주고 피로회복에 효과적이랍니다.

불린 미역 30g, 슬라이스 치즈 1장, 감자 1개, 달걀 1개, 양파 · 당근 ¼ 개씩, 화이트소스 2큰술, 밀가루 · 빵가루 · 소금 · 참기름 조금씩, 식용유 적당량

cooking point 마른 미역 손질하기

말린 미역은 미지근한 물에 충분히 불린 다음 소쿠리에 넣고 손으로 주물주물 여러 번 씻어주세요. 미역에 따라 다르지만 최소 30분에서 2시간 정도 불리면 더욱 부드러워진답니다.

① 불린 미역은 물기를 뺀 후 잘게 다져 참기름을 두른 팬에 살짝 볶는다.

② 양파와 당근은 잘게 다져 볶고 감자는 포슬하게 삶아 곱게 으깬다.

③ 볼에 으깬 감자와 슬라이스 치즈, 양파, 당근을 넣고 화이트소스를 넣어 소금으로 간해 동글납작하게 빚는다.

④ ❸을 밀가루와 달걀물 빵가루 순으로 튀김옷을 입혀 180℃ 기름에 노릇하게 튀겨낸다.

재료	열량 Kcal	단백질 g	지질 g	칼슘 mg	칼륨 mg
불린 미역 30g	38	2.7	0.34	184	1253.4
슬라이스 치즈 1장	76.14	4.63	6.08	133.2	15.3
감자 1개	82.5	3.75	0.15	9	594

식빵피자

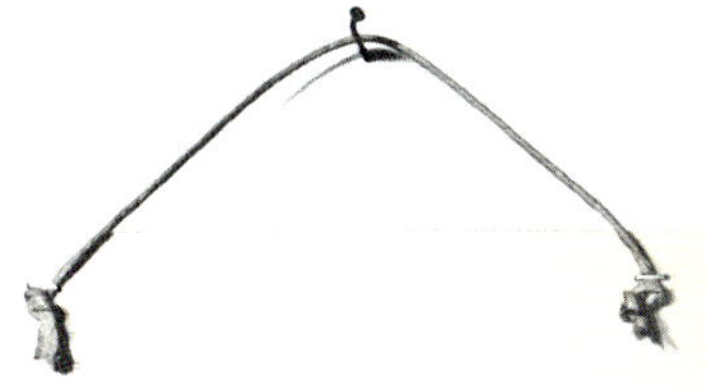

Brain point 치즈와 채소의 비타민 C · E와 철분

아이들은 체구는 작지만 신체 활동량이나 체내 대사율이 높기 때문에 많은 영양소를 필요로 합니다. 식빵피자는 치즈와 채소를 동시에 섭취할 수 있어서 비타민 C · E와 철분, 비타민 B_1 · B_2를 풍부하게 섭취하게 되므로 기억력과 사고력 향상에 도움을 준답니다.

식빵 2장, 버터 ½큰술, 토마토케첩 2큰술
토핑 모차렐라 치즈 30g, 슬라이스 햄 3장, 청피망 · 붉은 피망 ½개씩, 양파 ¼개, 파인애플(통조림) 1쪽

cooking point

아이들이 양파, 피망 등의 야채를 잘 먹지 않을 때 식빵피자를 준비해보세요. 아이들이 좋아하는 식품으로 예쁘게 장식해서 주면 편식을 예방할 수 있습니다. 담백한 치즈를 올려 영양소도 고루 섭취할 수 있답니다.

① 슬라이스 햄은 모양틀로 찍고 피망과 양파, 파인애플은 한 입 크기로 썬다

② 식빵의 한 쪽에 버터를 고루 펴서 바르고 토마토케첩을 덧바른다.

③ ❷에 준비한 슬라이스 햄과 양파, 피망, 파인애플을 고루 올리고 모차렐라 치즈를 뿌린다.

④ 200℃로 예열된 오븐에 ❸을 넣고 10~15분쯤 구워낸다.

재료	열량 Kcal	단백질 g	지질 g	칼슘 mg	칼륨 mg
식빵 2장	181	4.68	3.72	33.6	86.4
모차렐라치즈 30g	86.4	5.8	6.48	155.1	20.1
토마토케첩 2큰술	35.1	0.51	0.06	4.8	135

브로콜리치즈호떡

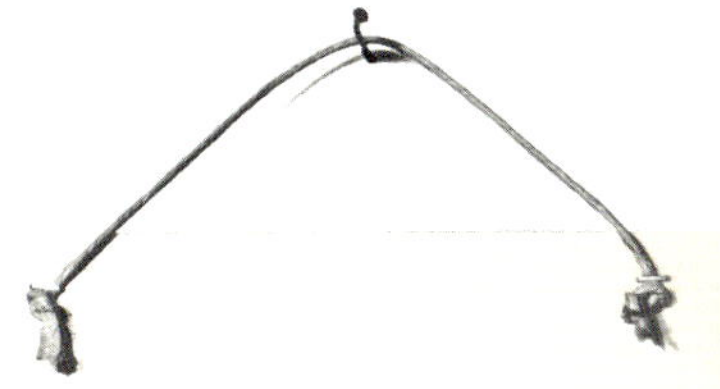

Brain point **치즈와 브로콜리의 칼슘, 비타민 C**

치즈에는 쇠고기의 1.5배나 되는 단백질이 들어 있고, 칼슘은 무려 200배나 된답니다. 치즈에는 섬유질과 비타민 C가 부족하므로 브로콜리와 함께 섭취하면 더욱 좋답니다.

브로콜리 20g, 건포도 20g, 슬라이스 치즈 2장
빵 반죽 200g(강력분 3컵, 이스트 2큰술, 우유 1컵, 설탕 · 버터 1큰술씩, 달걀물 2큰술, 소금 ⅓작은술), 식용유 적당량

cooking point 브로콜리 잘 보관하기

냉장 보관할 때는 초록색이 선명하고 진한 것으로 골라 랩으로 감싸거나 비닐봉지에 넣고 밀봉하여 줄기가 아래쪽으로 가게 하세요. 사용하고 남은 브로콜리는 작게 송이를 나누어 팔팔 끓는 물에 소금을 약간 넣고 살짝 데쳐 찬물에 헹구어 물기를 탈탈 털어서 밀폐용기에 서로 달라붙지 않도록 나란히 놓아 냉동시키세요.

① 브로콜리는 데쳐서 잘게 썰고, 슬라이스 치즈는 4등분하고, 건포도는 잘게 잘라둔다.

② 볼에 강력분, 이스트, 소금을 넣고 고루 섞은 후 설탕과 버터, 달걀물을 넣고 우유는 따뜻하게 데워 넣어 잘 치댄 후 달걀만한 크기로 떼어낸다.

③ 반죽을 손으로 둥글납작하게 펴 브로콜리 조금, 건포도 조금, 치즈 2조각을 넣고 오므린다.

④ 팬에 식용유를 두르고 오므린 쪽이 팬에 닿게 놓고 납작하게 눌러 뚜껑을 덮어 노릇하게 굽는다.

재료	열량 Kcal	단백질 g	지질 g	칼슘 mg	칼륨 mg
브로콜리 20g	5.6	1	0.06	12.8	61.4
건포도 20g	54.8	0.6	0.04	11.6	134.2
슬라이스치즈 2장	152.28	9.26	12.16	266.4	30.6

치즈두부구이

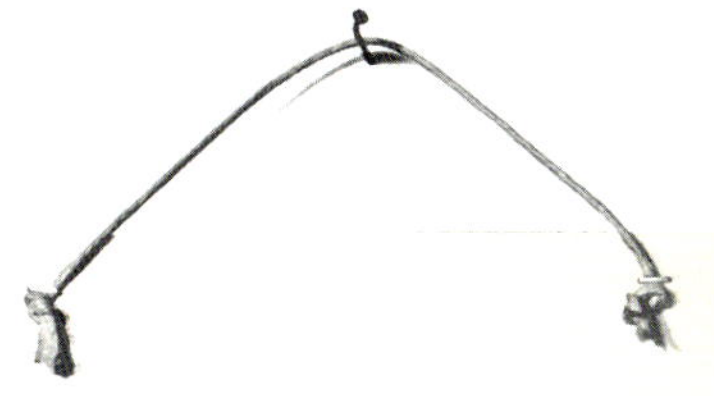

Brain point 두부의 마그네슘

세포 에너지를 생성하는 역할을 하는 마그네슘은 두부에 풍부하답니다. 마그네슘이 결핍되면 과잉 흥분과 공격적인 행동, 집중력 장애, 자폐증, 학습 장애 등에 빠질 수도 있답니다. 마그네슘이 부족하면 초콜릿 등 단 음식을 찾게 되고, 눈꺼풀이 일정한 주기로 떨리기도 합니다.

두부 ¼모, 슬라이스 치즈 1장, 당근, 양파 ⅛개씩, 달걀 1개, 소금 조금, 식용유 적당량

cooking point 물기 없이 두부 지지기

두부를 먹기 좋은 크기로 썬 다음 녹말가루를 묻혀 기름을 넉넉히 두르고 튀기듯 지지면 물기가 생기지 않습니다. 센 불에 빨리 지져내는 것이 포인트랍니다. 약한 불에 오래 익히면 두부에서 수분이 빠져 나와 파삭한 맛이 나지 않는답니다.

① 두부는 으깨어 면보에 물기를 꼭 짜고 당근과 양파, 치즈는 잘게 다진다.

② 볼에 준비한 두부와 치즈, 당근, 양파를 넣고 소금으로 간한 후 고루 섞는다.

③ 달군 팬에 식용유를 두르고 반죽을 한 숟가락씩 올린 후 살짝 눌러 동글납작하게 모양낸 후 앞뒤로 노릇하게 굽는다.

재료	열량 Kcal	단백질 g	지질 g	칼슘 mg	칼륨 mg
두부 ¼모	79	8.4	3.5	159	1
슬라이스치즈 1장	76.14	4.63	6.08	133.2	15.3
당근 ½개	34	1	0.2	38	362

고구마피자

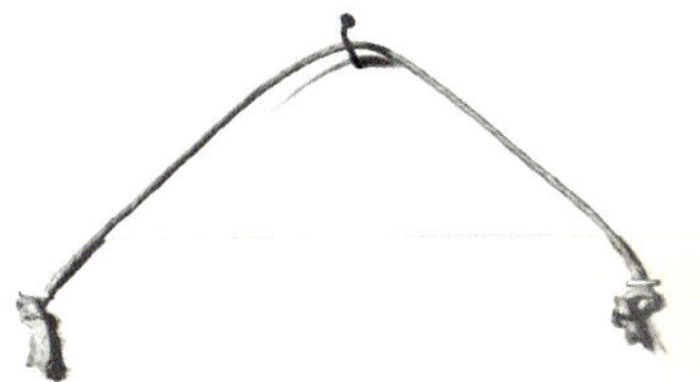

Brain point **고구마와 치즈의 무기질 칼슘**

고구마에는 녹말과 단백질, 섬유, 무기질, 비타민 C 등이 풍부합니다. 고구마피자는 맛도 좋을 뿐 아니라 영양 균형도 우수해요. 고구마에 부족한 단백질과 지방을 보충하면서 맛있게 먹을 수 있습니다.

재료는요

고구마 1개, 청피망 · 홍피망 · 양파 ¼ 개씩, 버터 1큰술, 모차렐라 치즈 2큰술

cooking point 고구마 잘 보관하기

고구마는 찬 기운에 약하므로 냉장고에 넣지 않는 것이 좋아요. 고구마를 상자로 사서 먹을 때는 햇볕 좋은 날을 골라 일광욕을 시킨 후 신문지로 싸서 골판지 상자에 넣어 보관하세요. 당도도 높아지고 보존 기간도 길어집니다.

① 고구마는 깨끗이 씻어 껍질을 벗긴 후 어슷하게 썰고 청피망, 홍피망, 양파는 손질 후 곱게 다진다.

② 팬에 버터를 녹여 ❶의 고구마를 노릇하게 굽는다.

③ ❷의 고구마 위에 다진 채소를 얹고 모차렐라 치즈를 올려 180℃로 예열한 오븐에 10분쯤 굽는다.

재료	열량 Kcal	단백질 g	지질 g	칼슘 mg	칼륨 mg
고구마 1개	182	2.1	0.3	36	600
청피망 ¼ 개	2.04	0.08	0.02	1.2	25.2
모차렐라 피자 2큰술	86.4	5.8	6.48	155.1	20.1

사과샌드위치

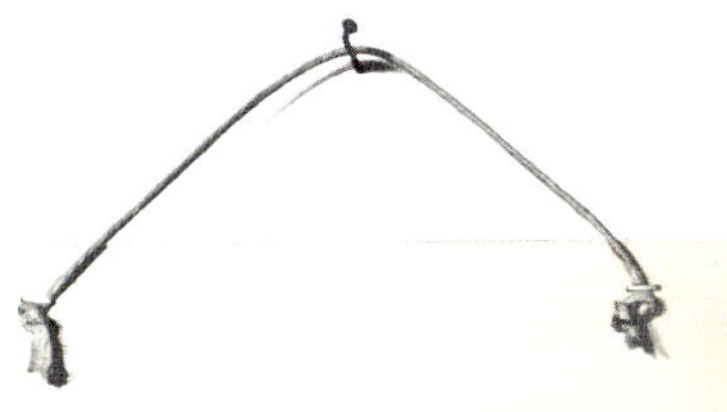

Brain point 사과의 항산화물질

대표적 항산화 물질인 비타민 A, C, E 등은 과일과 채소에 많이 함유돼 있지요. 그 중에서 사과는 대표적인 항산화 식품입니다. 사과 속 항산화물질은 손상된 세포의 DNA 구조를 복원시키는 능력을 향상시키고 유전자 손상을 막을 수 있답니다.

재료는요

사과 ¼개, 식빵 2장, 슬라이스 햄 1장, 슬라이스 치즈 1장, 마요네즈 1큰술

cooking point 사과의 갈변을 막으려면

사과의 갈변 현상을 막으려면 사과를 엷은 설탕물에 푹 잠기게 한 후 5~10분 정도 담가두었다가 건지거나 레몬즙을 뿌려두면 갈변 현상을 막는데 효과가 있답니다.

① 마른 팬에 식빵을 올려 노릇하게 구은 후 한 장에는 마요네즈를 얇게 펴 바른다.

② 사과는 깨끗이 씻어 얇게 슬라이스 한다.

③ ❶의 마요네즈를 바른 식빵 위에 햄과 치즈, 사과를 순서대로 올리고 구워둔 다른 식빵으로 덮은 후 가장자리를 잘라내고 4등분 한다.

재료	열량 Kcal	단백질 g	지질 g	칼슘 mg	칼륨 mg
사과 ¼개	34.2	0.18	0.06	1.8	57
식빵 2장	181	4.68	3.72	33.6	86.4
슬라이스치즈 1장	76.14	4.63	6.08	133.2	15.3

딸기아이스크림

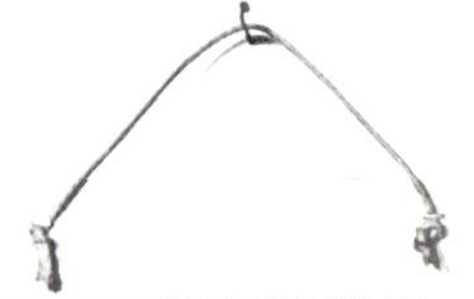

Brain point **딸기의 항산화물질**

대표적 항산화 물질인 비타민C가 풍부한 딸기. 3~4개만 먹어도 하루에 필요한 비타민 C 60~70mg을 섭취할 수 있답니다. 딸기는 유제품과 함께 먹으면 칼슘이 보강된답니다.

생크림 ½컵, 딸기 300g, 설탕 4큰술

① 딸기는 깨끗이 씻어 꼭지를 따고 설탕과 함께 믹서에 간다.
② 볼에 생크림을 넣고 거품기로 휘핑해 ❶에 섞는다.
③ 아이스크림 틀에 ❷를 ⅔쯤 붓고 냉동실에서 3시간 정도 얼린다.

재료	열량 Kcal	단백질 g	지질 g	칼슘 mg	칼륨 mg
생크림 ½컵	243.2	1.76	24.7	55.2	77.6
딸기 300g	78	2.4	0.3	39	468
설탕 4큰술	154.8	0	0	1.2	1.2

와플아이스크림샌드

열량은 이만큼
320 kcal

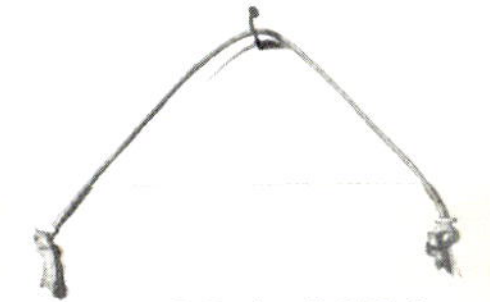

Brain point **우유의 5대 영양소**

우유는 5대영양소가 고루 다 들어있습니다. 그래서 완전식품이라고도 하지요. 우유에 풍부한 엽산, 비타민 B_6, 비타민 C가 뇌의 트립토판 이용률을 높여 초조함과 불안감을 없애주기도 한답니다. 자주 보채는 아이에게는 우유를 많이 먹이세요.

재료는요

우유 1컵, 와플 모양 쿠키 4개, 꿀 2큰술

① 우유에 꿀을 넣고 고루 섞어 아이스크림 틀에 ⅔를 붓고 3시간쯤 얼린다.
② 와플쿠키에 준비한 ❶의 아이스크림을 얹는다.
③ 나머지 와플쿠키로 덮어낸다.

재료	열량 Kcal	단백질 g	지질 g	칼슘 mg	칼륨 mg
우유 1컵	120	6.4	6.4	210	296
와플쿠키 4개	106.4	0.76	4.27	0	0
꿀 2큰술	93.6	0	0	0.9	1.5

누룽지아이스크림

열량은 이만큼
551 kcal

Brain point **누룽지의 탄수화물**

누룽지 1대접의 칼로리는 246kcal 정도라고 합니다. 밥 한 공기보다 칼로리가 적지요. 아이가 간식을 너무 많이 먹을 때는 누룽지를 넣어서 맛난 간식을 먹이세요. 탄수화물은 뇌에서 필요한 포도당을 만드는데 꼭 필요하지요.

생우유 1컵, 튀긴 누룽지 300g, 꿀 2큰술

① 튀겨진 누룽지는 잘게 부수어 꿀과 섞는다.
② 볼에 우유와 ❶을 넣고 고루 섞어 아이스크림틀에 ⅔정도 붓고 냉동실에서 3시간쯤 얼린다.

재료	열량 Kcal	단백질 g	지질 g	칼슘 mg	칼륨 mg
생우유 1컵	120	6.4	6.4	210	296
튀긴 누룽지 300g	337.4	5.67	0.42	4.2	52.5
꿀 2큰술	93.6	0	0	0.9	1.5

밤아이스크림

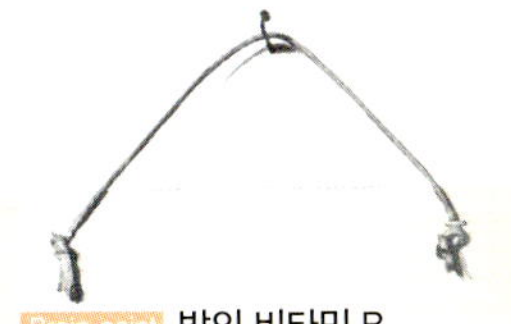

Brain point **밤의 비타민 B_1**

밤은 탄수화물과 단백질, 비타민이 풍부하지요. 칼슘, 철, 칼륨 등의 영양소가 들어 있어 몸이 약한 사람들에게 좋은 영양원이 된답니다. 또 쌀에 비해 비타민 B_1이 4배 이상 함유되어 있어 피부를 윤기 있게 가꿔준답니다.

우유 1컵, 밤 ⅓컵

① 밤은 속껍질을 벗겨 포슬하게 삶아 으깨어 컵에 넣은 후 우유를 붓고 고루 섞는다.
② 아이스크림틀에 ❶을 ⅓ 붓고 냉동실에서 3시간 정도 얼린다.

재료	열량 Kcal	단백질 g	지질 g	칼슘 mg	칼륨 mg
우유 1컵	120	6.4	6.4	210	296
밤 ⅓컵	243	4.69	2.87	36.4	896.7

Brain Food
똑똑한 과일 밥상

PART 3

Fruits food Cooking

각종 비타민과 무기질이 풍부한 과일.
아이를 똑똑하게 키우는 브레인 푸드를 만들 때
과일은 자주 이용해야 할 재료이지요.
끊임없이 에너지가 필요한 두뇌에 고른 영양분을 공급해줄
과일 브레인 푸드는 어떻게 만드는 것이 좋을까요?

망고캘리포니아롤

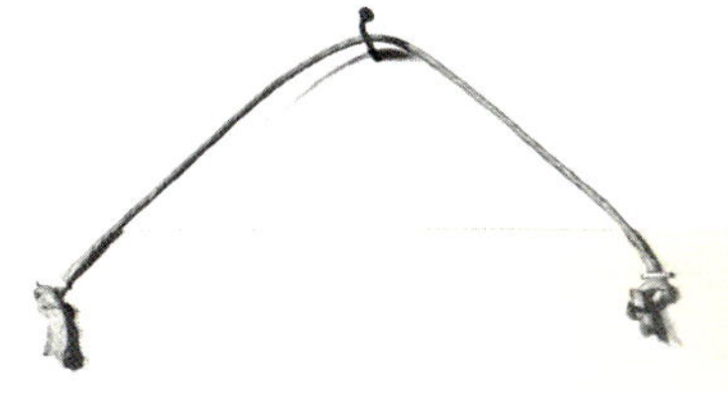

Brain point 망고의 비타민 A

열대과일 중 단맛이 으뜸인 망고에는 비타민 A가 많으며 푸른 잎채소와 거의 같은 양의 베타카로틴이 들어있어요. 망고에 많이 들어있는 항산화제는 뇌세포 손상을 예방하는 작용을 한답니다.

재료는요

망고 ½개, 오이 ½개, 게맛살 1줄, 구운 김 2장, 초밥 ⅔공기, 날치알 80g
소스 플레인 요플레 2큰술, 마요네즈 ½큰술, 물엿 1작은술, 레몬 슬라이스 1조각

cooking point 맛있는 초밥, 초대리 만들기

초밥의 밥맛을 좌우하는 초대리는 식초 3, 설탕 2, 소금 0.3 비율로 넣어 녹을 정도만 끓여 만듭니다. 밥과 초대리가 뜨거울 때 나무주걱으로 밥을 끊어가며 비비면 됩니다. 밥이 굳지 않게 면보로 덮어두고, 남은 초대리는 물을 섞어 손에 달라붙지 않게 묻혀서 사용하면 밥알이 살아있는 맛있는 초밥이 됩니다.

① 망고는 껍질을 벗겨 길게 편을 썰고, 오이는 씨를 중심으로 돌려 깎아 채 썰어 소금을 조금 뿌려 살짝 절이고, 게맛살은 잘게 다진다.

② 김발 위에 비닐을 깔고 구운 김 ½장을 반짝이는 면이 아래로 가게 하여 올린 후 밥을 얹어 고루 펴서 꼭꼭 눌러가며 평평하게 펴준다.

③ ❷를 뒤집어 오이, 망고, 게살을 가운데 올려 꼭꼭 눌러가며 만다.

④ 볼에 준비한 소스 재료를 넣고 고루 섞는다.

⑤ 칼에 물을 묻혀 롤을 썰어 접시에 올리고 ❹의 소스를 얹어 날치알을 올린다.

재료	열량 Kcal	단백질 g	지질 g	칼슘 mg	비타민C mg
망고 ½개	68	0.6	0.1	15	20
초밥 ⅔공기	222	3.78	0.28	0.28	2.8
날치알 80g	76.8	60.48	1.76	11.2	0.8

과일너츠카나페

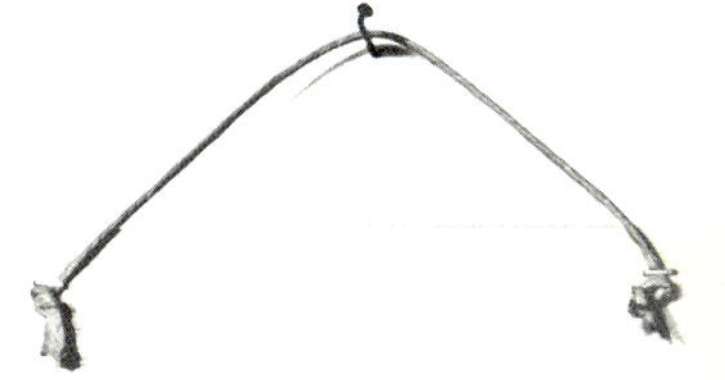

Brain point 견과류의 비타민 E

달콤한 과일과 고소한 견과류를 함께 먹으면, 뇌가 에너지를 만드는 과정에서 생기는 노폐물을 청소하는 비타민 E와 뇌를 정화시키는 베타카로틴을 함께 섭취할 수 있어서 일석이조의 효과를 누릴 수 있답니다.

크래커 4개, 딸기 2개, 바나나 ½개, 키위 1개, 슬라이스 햄 1장, 치즈 1장
오렌지 소스 마요네즈 2큰술, 오렌지 ½개, 레몬즙 1큰술, 설탕 ½큰술
견과류 소스 호두 1큰술, 아몬드 슬라이스 1큰술, 마요네즈 2큰술, 레몬즙 ½큰술

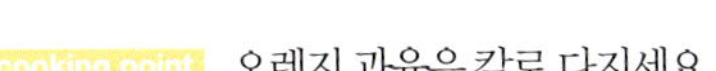

cooking point 오렌지 과육은 칼로 다지세요

오렌지는 겉껍질과 속껍질을 벗긴 후 과육만 칼로 다져주면 먹을 때 오렌지 과육의 상큼함을 느낄 수 있어 더 맛있어요. 호두를 다질 때는 호두에 기름이 많기 때문에 키친타월에 올려 덮은 다음에 칼로 다져주면 기름이 키친타월에 묻어 고슬고슬한 호두가루를 만들 수 있답니다.

① 키위는 껍질을 벗겨 반달 모양으로 저미고, 딸기와 바나나도 모양을 살려 저미고 치즈와 햄은 크래커 크기로 네모나게 잘라 준비한다.

② **오렌지소스 만들기** _ 오렌지는 껍질을 벗겨 과육을 굵게 다지고, 마요네즈에 다져 놓은 오렌지와 레몬즙, 설탕을 넣고 잘 섞어 소스를 만든다.

③ **견과류 소스 만들기** _ 호두와 아몬드 슬라이스를 곱게 다져 마요네즈와 레몬즙을 넣고 잘 섞어 견과류 소스를 만든다.

④ 크래커 위에 두 가지 기본 소스를 각각 바른 후 햄과 치즈를 올리고 그 위에 키위와 바나나, 딸기를 순서대로 얹는다.

재료	열량 Kcal	단백질 g	지질 g	칼슘 mg	비타민C mg
딸기 2개	7.8	0.24	0.03	3.9	24.6
바나나 ½개	46.5	0.6	0.1	3.5	4
키위 1개	54	0.9	0.5	30	38

소고기과일냉채

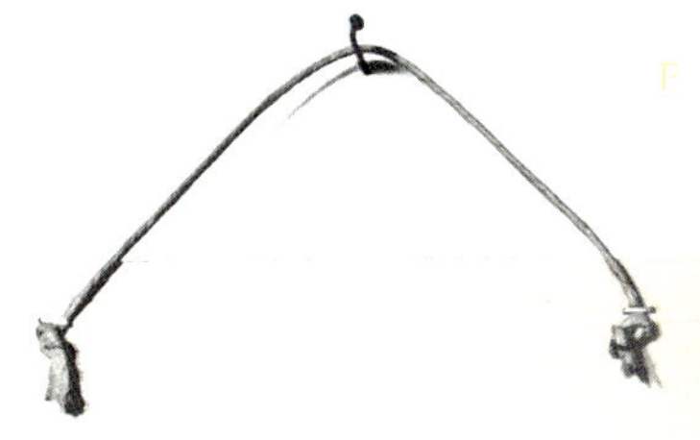

Brain point 소고기의 단백질

아이들의 두뇌는 1~3세까지 급격하게 성장하고 4~6세까지는 성인 뇌 용량의 95%가 형성된다고 합니다. 고기를 잘 안 먹는 아이를 위해서 뇌를 만드는 단백질 섭취를 잘 시키려면 과일을 함께 넣어 먹이면 좋습니다. 소고기에 함유되어 있는 무기질 중 철분이나 인, 유황 등은 산성 물질이므로 알칼리성 식품인 과일과 함께 먹이도록 하세요.

소고기 안심 100g, 사과 ¼개, 배 ⅛개, 파인애플(통조림) 1조각, 방울토마토 3개, 키위 ½개, 밤 2개, 대파 ½대, 통마늘 3개, 생강 조금, 월계수잎 2잎

소스 오렌지 갈은 것 2큰술, 연유 2큰술, 식초 · 마요네즈 3큰술씩, 레몬즙 1큰술, 소금 1작은술, 설탕 1½큰술

cooking point 과일 예쁘게 모양내기

소고기를 넣은 과일 냉채를 아이들이 더 잘 먹게 하려면 함께 넣는 과일들의 모양을 예쁘게 찍어내는 것이 좋아요. 아이들이 좋아하는 캐릭터 모양틀을 이용해 과일을 찍으면 더 잘 먹는답니다.

① 냄비에 물과 대파, 마늘, 생강, 월계수 잎을 넣고 끓기 시작하면 소고기 안심을 얇게 저민 후 한 장씩 넣고 삶아 식힌다.

② 사과, 배, 키위는 껍질을 벗겨 얇게 슬라이스 한 후 모양틀로 찍고, 파인애플은 8등분 하고, 방울토마토는 반으로 잘라서 준비한다.

③ 볼에 소스 재료를 넣고 고루 섞은 후 먹기 직전에 ❷번 재료에 넣어 버무린다.

④ 접시에 ❶번의 소고기를 돌려 담고 ❸의 버무린 과일을 중앙에 담는다.

재료	열량 Kcal	단백질 g	지질 g	칼슘 mg	비타민C mg
소고기 안심 100g	161	20.7	8	8	2
사과 ¼개	34.2	0.18	0.06	1.8	2.4
배 ⅛개	25	0.25	0.1	2	2
파인애플 1조각	31	0.2	0.1	4.5	2.5

쁘띠애플파이

(마드레느 은박 접시 - 5개분)

열량은 이만큼
566kcal
(1개당)

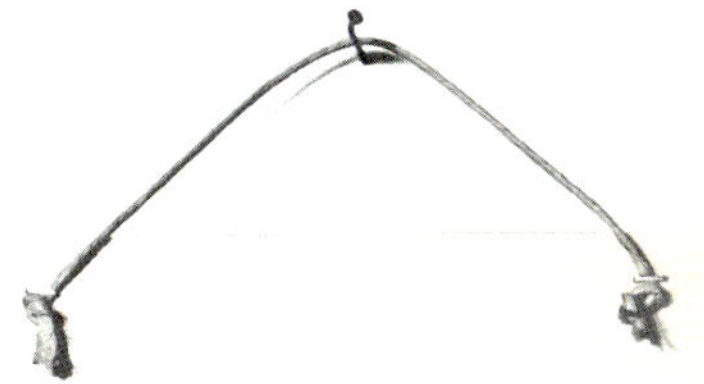

Brain point 사과의 항산화 물질

잘 익은 신선한 사과는 다른 과일이나 채소보다 뇌세포가 파괴되는 것을 방지하는데 탁월한 효과가 있지요. 사과 속 케르세틴이라는 항산화 물질은 뇌세포를 파괴시키는 가장 큰 원인 중 하나인 코르티졸을 크게 줄여준답니다. 이 성분은 사과의 과육보다 껍질에, 붉은 사과에 더 많이 들어있어요.

재료는요

파이 껍질 반죽 중력분 250g, 슈가파우더 50g, 버터 150g, 달걀 1개
파이 토핑 재료 사과 2개, 건포도, 건살구 50g씩, 설탕 90g, 레몬즙 1큰술, 계피가루 ½ 작은 술

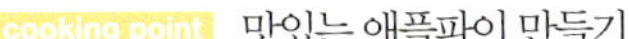

cooking point 맛있는 애플파이 만들기

파이 껍질을 만들 때 밀가루와 버터를 잘 다져서 골고루 섞어야 고소해요. 파이 껍질 바닥에 구멍을 뚫는 이유는 틀에서 들뜨거나 모양이 틀어지지 않게 하기 위해서랍니다. 사과는 2~3mm 정도로 잘라서 졸여야 부서지지 않고 씹히는 맛이 좋아요.

① 버터는 실온에 두고 밀가루와 슈가파우더는 체에 곱게 내려 버터와 핸드 블렌더를 이용해 대충 섞어 달걀을 넣고 반을 접듯이 반죽한다.

② 반죽을 비닐에 담아 공기를 빼고 냉장고에 20분쯤 숙성시킨 후 5등분 한다.

③ 사과는 껍질을 벗겨 잘게 썰어 냄비에 설탕과 함께 넣어 중간 불에서 사과가 살캉거릴 때까지 조린 후 건포도, 건살구, 레몬즙을 넣고 조금 더 끓여 계피가루를 넣고 체에 밭쳐 수분을 빼준다.

④ 넓은 접시에 밀가루를 뿌리고 반죽을 밀대로 밀어 파이틀에 얹고 포크로 두들겨 구멍을 낸다. 용기 둘레에 남은 반죽은 가위로 잘라 1cm 두께로 띠 4줄을 만들어 2줄씩 엮어준 후 180℃로 예열된 오븐에 30분 정도 굽는다.

재료	열량 Kcal	단백질 g	지질 g	칼슘 mg	비타민C mg
중력분 250g	825	25	3.5	47.5	0
사과 2개	273.6	1.44	0.48	14.4	19.2
건포도 50g	137	1.5	0.1	29	0
건살구 50g	66	1.8	0.4	10	10.8

후르츠링과일강정

열량은 이만큼
560kcal

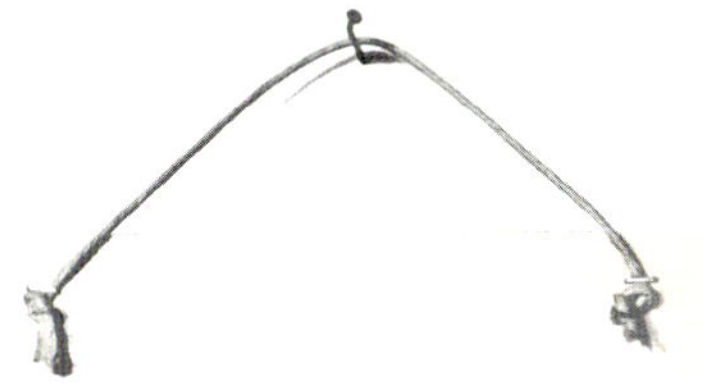

Brain point 후르츠링의 두뇌 자극 저작 작용

오래 오래 씹을 수 있는 음식을 섭취하면 씹는 저작 작용에 의해서 두뇌 마사지 효과를 볼 수 있어요. 후르츠링 과일 강정은 비타민이 풍부한 과일과 꼭꼭 씹어서 먹어야 하는 견과류가 많이 들어 있어 두뇌를 튼튼하게 하는 브레인 푸드입니다.

재료는요

후르츠링(시리얼) 100g, 마시멜로 10개, 건포도 1큰술, 건살구 1개, 버터 1큰술, 땅콩버터 1큰술

cooking point 과일 강정 맛있게 만들기

알록달록 예쁜 시리얼에 열대과일, 건포도가 들어간 상큼하고 달콤한 서양식 강정입니다. 마시멜로를 넣고 녹으면 바로 시리얼과 다른 재료를 빨리 넣고 버물려야 마시멜로가 잘 엉겨 붙습니다. 평평하게 고르는 작업은 강정이 식기 전에 빠르게 해줘야 하고, 굳은 다음에 칼로 잘라야 부서지지 않습니다.

① 냄비에 버터를 담아 약한 불에 대충 녹인 후 마시멜로와 땅콩버터를 함께 넣어 완전히 녹인다.

② 건살구와 건포도는 잘게 잘라 후르츠링과 함께 ❶에 넣어 고루 버무린다.

③ 불을 끄고 도마 위에 올려 밀대로 납작하게 밀어 평평하게 만든다.

④ 구덕하게 굳으면 커터를 이용해서 스틱형으로 자르거나 한 입 크기로 잘라 꼬치를 끼운다.

재료	열량 Kcal	단백질 g	지질 g	칼슘 mg	비타민C mg
후르츠링 100g	351	3.6	1.8	0	75
건포도 1큰술	34.25	0.38	0.03	7.25	0.00
건살구 1큰술	22.00	0.60	0.13	3.33	3.60

과일소스탕수육

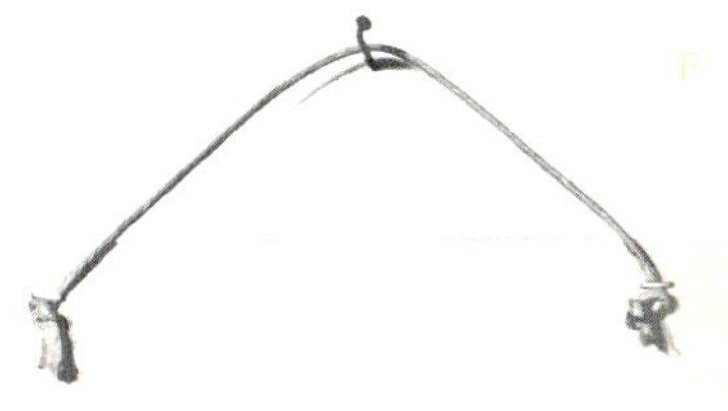

Brain point 돼지고기의 비타민 B_1

돼지고기에는 양질의 단백질, 지방이 들어있고 머리가 좋아지는 DHA가 함유돼 있어요. 쌀밥이 주식인 우리 식생활은 비타민 B_1이 부족한데요. 돼지고기는 특히 비타민 B_1이 다른 육류의 10배 이상 들어있어 탄수화물 대사가 좋아지고 피부에 윤기를 준답니다.

재료는요

돼지고기 100g, 달걀흰자 1개 , 녹말가루 2큰술, 물 4큰술

과일소스 재료 파인애플(통조림) 2쪽, 키위 ½개, 양파 ¼개, 피망 ¼개 ,간장 1큰술, 설탕 1큰술, 식초 2큰술, 물 ½컵, 식용유, 전분물 조금

밑간 양념 재료 맛술 · 소금 · 후추 약간

cooking point 맛있는 탕수 소스 만들기

탕수소스는 상에 내기 전에 만드는 것이 좋아요. 프라이팬에 적당량을 부어 끓이다가 채소와 과일 등 데코를 위한 재료를 넣고 감자전분 물을 조금씩 넣어 저어가며 농도를 맞추면 됩니다. 약간 묽을 때 멈추는 것이 좋답니다.

① 녹말가루 2큰술을 물 4큰술에 넣고 고루 섞어 약 5분 정도 두어 녹말물을 가라앉히고, 돼지고기는 한 입 크기로 썰어 밑간 양념을 하여 재워둔 후 달걀흰자와 녹말물을 넣어 골고루 버무린다.

② 파인애플과 키위는 2cm 크기 사각으로 썰고, 양파와 피망도 같은 크기로 썬다.

③ 180℃의 끓는 기름에 ❶의 돼지고기를 넣고 노릇하게 2번 튀겨서 튀김망에 얹어놓아 식혀 둔다.

④ 프라이팬에 기름을 두르고, 양파, 피망을 넣고 볶다가 과일을 넣고 분량의 물과 간장, 설탕, 식초를 함께 넣어 볶다가 녹말물을 조금씩 여러 번 나누어 넣어 저어서 과일 소스를 만든다.

⑤ 접시에 ❸의 고기를 담고 ❹의 과일소스를 끼얹는다.

재료	열량 Kcal	단백질 g	지질 g	칼슘 mg	비타민C mg
돼지고기 100g	235	18.5	16.5	1	0
파인애플(통조림) 2쪽	62	0.4	0.2	9	5
키위 ½개	27	0.45	0.25	15	19

후르츠감자샌드위치

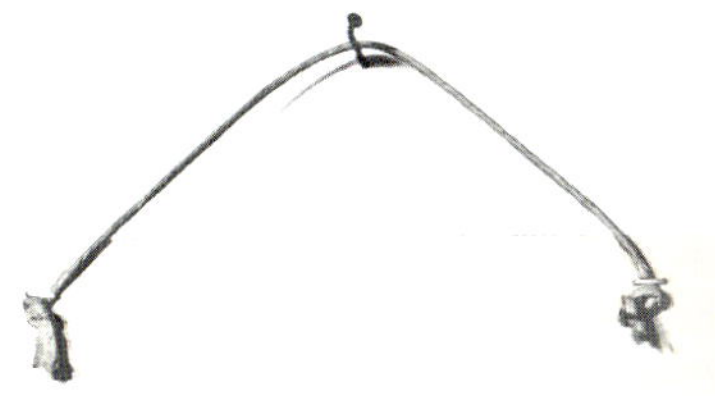

Brain point 과일과 감자의 섬유소와 비타민

아침을 잘 안 먹는 아이들이 많은데 이럴 경우 혈당이 떨어져 뇌의 활동에 필요한 포도당이 부족해져 집중력이 떨어진답니다. 당질과 비타민, 섬유소를 함께 섭취할 수 있는 과일 샌드위치는 영양과 맛뿐만 아니라 간편하게 먹을 수 있어 매우 아침 대용식으로 매우 좋답니다.

식빵 2장, 토마토 ½개, 바나나 ½개, 감자 1개, 양상추 2장, 마요네즈 · 소금 · 흰 후춧가루 · 버터 조금씩

cooking point 맛있는 샌드위치 만들기

소스에 사용하는 머스터드는 플레인 머스터드를 사용하면 되는데, 더 맛있는 소스를 만들려면 머스터드와 마요네즈 1:2 비율로 섞고, 깨소금과 설탕을 약간 넣으세요. 사용하고 남은 머스터드는 냉장고에 보관해서 사용하면 한 달 정도는 충분히 신선과 맛을 유지할 수 있답니다.

① 팬에 버터를 녹여 식빵을 앞뒤로 노릇하게 굽고, 바나나는 껍질을 벗겨 토마토와 함께 얇게 저미고, 양상추는 깨끗이 씻어 물기를 뺀 후 한 입 크기로 뜯어둔다.

② 감자는 포슬하게 삶아 으깨어 마요네즈, 소금, 흰 후춧가루를 넣고 버무린다.

③ 식빵 한쪽 면에 마요네즈를 바른 후 양상추를 적당히 깔고, 준비한 ❷의 감자와 토마토, 바나나를 차례대로 올린 후 나머지 식빵으로 덮어 꾹 누른다.

재료	열량 Kcal	단백질 g	지질 g	칼슘 mg	비타민C mg
식빵 2장	181	4.68	3.72	33.6	0
토마토 ½개	11.2	0.72	0.08	7.2	8.8
바나나 ½개	46.5	0.6	0.1	3.5	4
감자 1개	82.5	3.75	0.15	9	31.5

딸기야채샐러드

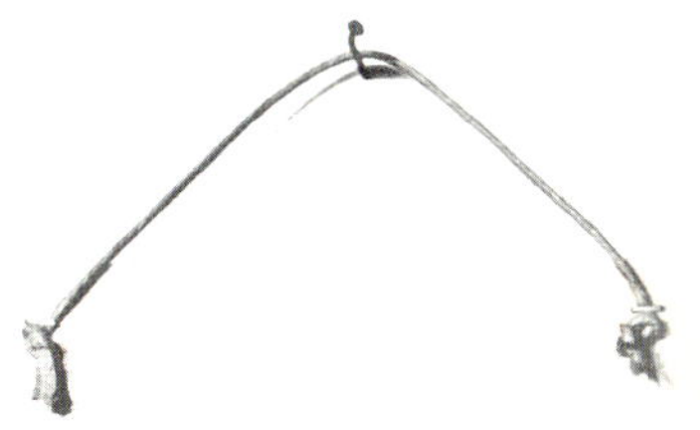

Brain point 딸기의 비타민 C

레드 후르츠의 대표인 딸기 · 산딸기 · 복분자 · 체리 등은 항산화 작용을 하는 비타민 C를 많이 함유하고 있어 '브레인 베리'로 불리지요. 딸기에 우유나 요플레 등을 곁들이게 되면 딸기에 풍부한 구연산이 우유의 칼슘 흡수를 돕고, 비타민 C는 철분의 흡수를 좋게 합니다. 딸기의 신맛을 우유나 요플레의 담백한 맛으로 잡아줄 수 있어서 아이들이 더 잘 먹는답니다.

딸기 5개, 양상추 ⅛통, 치커리, 무순 조금
드레싱재료 마요네즈 3, 플레인 요플레 ½컵, 레몬즙 2큰술, 꿀 1큰술, 설탕 1큰술, 소금 ½작은술

cooking point 딸기의 농약 잔류물질 없애기

딸기를 씻을 때는 소쿠리나 체에 넣은 딸기를 바가지에 받쳐 5분 정도 수돗물을 세게 틀어놓고 5회 이상 흔들어 씻으면 됩니다. 소금이나 과일 세척용 세제를 쓰면 삼투압 현상으로 인하여 오히려 농약이 딸기 속으로 스며들 수 있으니 반드시 물로 씻는 게 좋아요.

① 딸기는 깨끗이 씻어 꼭지를 딴 후 반으로 잘라 놓고 양상추와 치커리는 깨끗이 씻어 먹기 좋게 손으로 작게 뜯어 놓고 무순은 깨끗이 씻어 놓는다.

② 분량의 준비한 분량의 드레싱 재료를 고루 섞어 드레싱을 만든다.

③ 준비한 딸기와 양상추, 치커리, 무순은 대충 섞어 오목한 그릇에 담고 ❷의 드레싱 소스를 뿌려서 낸다.

재료	열량 Kcal	단백질 g	지질 g	칼슘 mg	비타민C mg
딸기 5개	17.94	0.55	0.07	8.97	56.58
양상추 ⅛통	3.3	0.27	0.03	9.6	2.1
마요네즈 1큰술	65	0.19	7.09	2.1	0

딸기설기

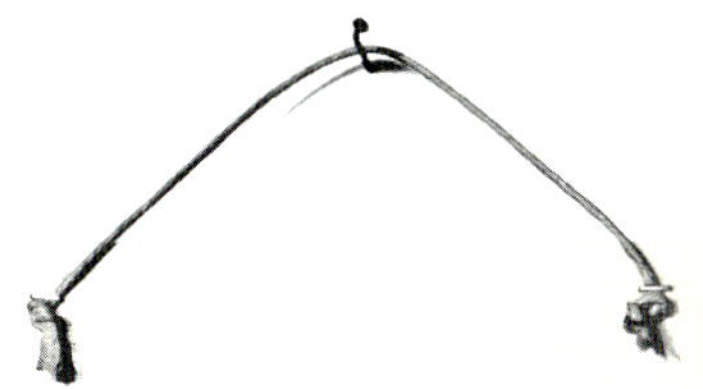

Brain point 딸기의 비타민 C와 구연산

딸기에는 비타민 C와 구연산이 풍부해요. 귤의 2배, 사과의 10배가 더 들어 있지요. 구연산, 사과산, 주석산 같은 유기산도 풍부해서 혀의 미각을 돋워 주기 때문에 입맛 없는 아이들의 식욕 증진 효과가 아주 뛰어난 과일이랍니다.

재료는요

멥쌀가루 ½컵, 설탕 2작은술, 딸기시럽 2큰술, 딸기 2개

cooking point 딸기의 농약 잔류물질 없애기

백설기를 만들 때는 쌀가루에 시럽을 넣고 골고루 비벼 주는 게 좋아요. 시럽 속의 수분이 쌀가루에 골고루 입혀지지 않으면 떡이 설익어 가루가 남게 되어서 맛뿐만 아니라 보기에도 좋지 않죠. 손바닥으로 고루 비벼 고운 체에 2번 이상 내려서 찌면 보기에도 좋고, 맛도 있는 백설기를 만들 수 있답니다.

① 딸기는 깨끗이 씻어 꼭지를 따고 잘게 썬다.

② 멥쌀가루에 딸기시럽을 넣고 비벼 체에 내린 후 설탕을 넣고 골고루 섞어 준다.

③ ❷번 가루에 ❶의 딸기를 넣고 찜기에 김이 오르면 면보를 깔고 틀을 놓고 ❷를 얹어 면보를 덮고 20분 정도 찐 다음 한 김 나가면 담아낸다.

재료	열량 Kcal	단백질 g	지질 g	칼슘 mg	비타민C mg
멥쌀가루 ½컵	182	3.25	0.65	2	0
딸기 2개	7.8	0.24	0.03	3.9	24.6
딸기시럽 2큰술	52	0	0.04	13.4	0

과일머핀

(머핀컵 8개분)

열량은 이만큼
248 kcal
(1개당)

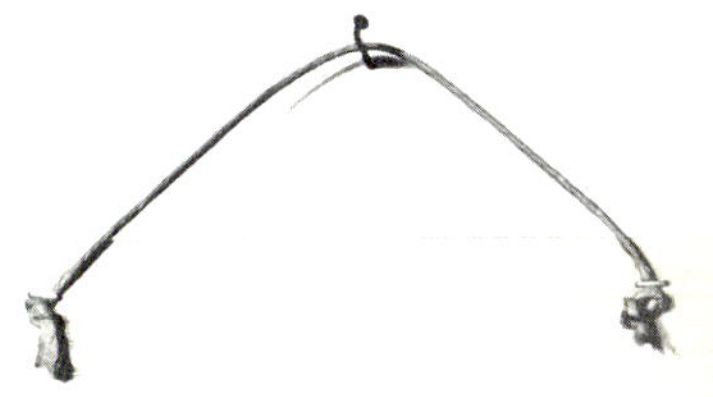

Brain point 과일의 비타민과 무기질

자연의 단맛으로 으뜸인 과일에는 각종 비타민과 무기질, 식이섬유, 피토케미칼 등 아이들 몸의 기능을 원활하게 하는데 꼭 필요한 영양소가 많이 들어 있어요. 이러한 화합물들은 서로 상승작용을 하며 뇌 속 세포들의 기능을 원활하게 해준답니다.

재료는요

박력분 200g, 베이킹파우더 10g, 달걀 4개, 설탕 5큰술, 후르츠 칵테일 100g, 건살구 10개, 포도씨유 60g, 소금 1작은술

cooking point 맛있는 과일머핀 만들기

과일 머핀의 반죽은 노른자를 터트린 후 설탕을 넣어야 노른자를 싸고 있는 단백질 막에 설탕이 달라붙지 않고 잘 녹아서 좋습니다. 반죽을 머핀 컵에 넣을 때는 절반 정도를 채우고 나머지 반죽을 넣어야 머핀이 잘 부풀게 됩니다.

① 후르츠 칵테일은 체에 밭쳐 국물을 빼서 잘게 다지고 건살구도 잘게 다진다.

② 밀가루(박력분와 베이킹파우더, 소금을 고루 섞은 후 체에 친다.

③ 볼에 달걀을 넣은 후 설탕을 넣고 연한 아이보리 색이 날 때까지 거품을 낸 후 포도씨유를 조금씩 넣으며 섞은 후 ❷의 가루와 ❶의 과일을 넣고 주걱으로 가볍게 섞는다.

④ 머핀틀에 유산지를 깔고 수저로 반죽을 넣어 틀에 7부 정도로 채우고, 180℃로 예열된 오븐에 30~35분 정도 굽는다.

재료	열량 Kcal	단백질 g	지질 g	칼슘 mg	비타민C mg
박력분 200g	660	15.8	2.8	48	0
후르츠칵테일 100g	80	0.4	0.1	16	17
건살구 10개	99	2.7	0.6	15	16.2

시금치바나나무침

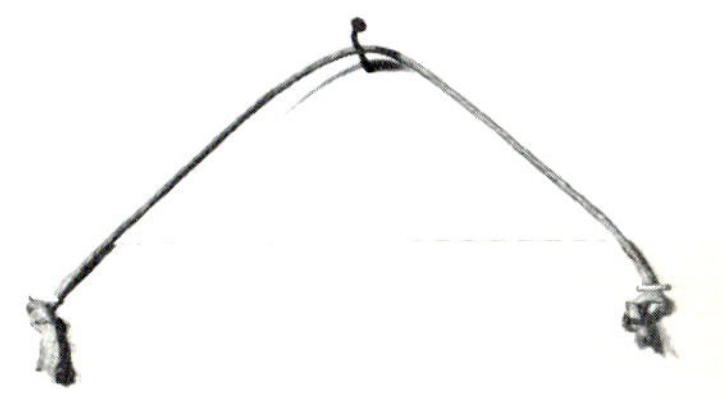

Brain point **시금치의 리놀렌산**

시금치는 대표적인 녹황색 채소로 체내에서 DHA로 변하는 알파 리놀렌산이 많이 들어 있어요. 카로틴과 비타민 C는 물론이고 철분 등의 영양소를 골고루 가지고 있어 아이들에게 좋은 식품입니다.

재료는요 시금치 70g, 바나나 ½개, 아몬드가루 약간

cooking point 맛있는 바나나 고르기

바나나는 수확 이후에도 계속 호흡하는 신기한 과일입니다. 노란 바나나는 4~5일간 실온에서 보관이 가능한데, 바로 먹으려면 갈색의 점이 있는 주근깨가 있는 것을 골라야 해요. 주근깨를 Sugar Spot이라고 하는데 당도가 높아질수록 많이 나타납니다.

① 시금치는 끓는 물에 데쳐 물기를 짜고 3cm 길이로 썬다.

② 바나나는 껍질을 벗긴 후 포크로 대충 눌러 으깬다.

③ ❷의 으깬 바나나에 잘게 썬 시금치를 넣어 골고루 버무린 후 아몬드가루를 넣어 버무린다.

재료	열량 Kcal	단백질 g	지질 g	칼슘 mg	비타민C mg
시금치 70g	29.4	2.17	0.35	28	42
바나나 ½개	46.5	0.6	0.1	3.5	4

소고기파인애플케첩볶음

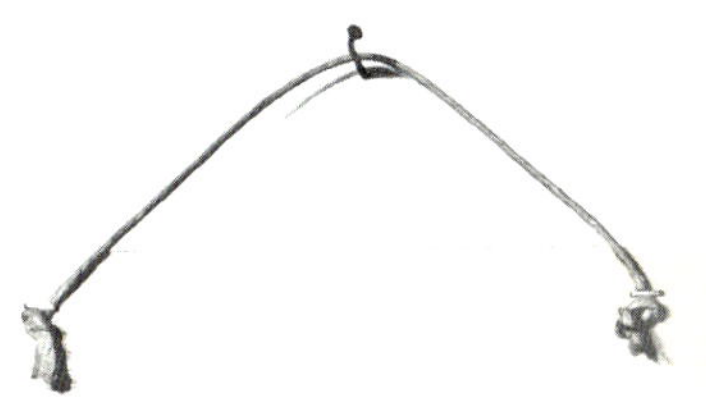

Brain point 파인애플의 자당과 비타민 C

파인애플은 자당과 비타민C 등의 영양소가 풍부하고, 새콤달콤한 맛이 입안을 개운하게 해줍니다. 고기 요리를 먹을 때 함께 먹으면 느끼한 맛을 줄여주고, 소화를 도와주지요. 두뇌의 영양성분인 필수아미노산을 많이 함유한 쇠고기와 파인애플은 궁합이 잘 맞아요.

소고기 100g, 파인애플(통조림) 2쪽, 양파 ¼개, 식용유 1작은술, 토마토케첩 1큰술, 다진 토마토 ¼컵, 물 2큰술, 녹말물 1큰술, 청주 · 소금 조금씩, 식용유 적당량

cooking point 파인애플은 마지막에 넣으세요

파인애플에는 브로메린이라는 단백질 분해 효소가 있기 때문에 고기 요리와 함께 먹으면 소화를 돕습니다. 브로메린은 60℃ 이상에서 가열하면 없어지기 때문에 조리할 때 마지막으로 넣어 살짝 불에 익히는 게 좋답니다.

① 소고기는 얇게 채 썰어 소금과 청주로 밑간하고, 파인애플은 1cm 크기로 썰고, 양파는 5mm 크기로 썬다.

② 팬에 식용유를 두르고 고기를 넣어 볶다가 양파와 파인애플을 넣은 후 토마토케첩, 다진 토마토를 넣어 볶다가 분량의 물을 붓는다.

③ 소고기가 익으면 약간의 소금을 넣어 간하고 녹말물을 넣어 농도를 맞춰준다.

재료	열량 Kcal	단백질 g	지질 g	칼슘 mg	비타민C mg
소고기 100g	171	17.6	10.1	10	0
파인애플 2쪽	62	0.4	0.2	9	5
토마토케첩 1큰술	17	0.25	0.03	2.4	1.9

오렌지양배추주스

열량은 이만큼
101 kcal

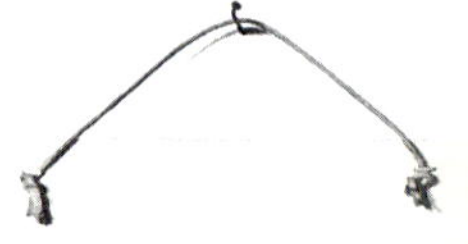

Brain point **오렌지의 비타민 C**

오렌지에 함유된 비타민 C는 항산화 작용을 합니다. 비타민 C는 멜라닌의 생성을 억제하기 때문에 피부미용에도 좋아요.

오렌지 1개, 양배추 50g, 레몬즙 약간

① 오렌지는 겉껍질과 속껍질을 모두 벗기고 양배추는 잘게 썬다.
② 믹서에 오렌지와 양배추를 넣고 곱게 간다.
③ 레몬즙을 한두 방울 떨어뜨려 고루 섞는다.

재료	열량 Kcal	단백질 g	지질 g	칼슘 mg	비타민C mg
오렌지 1개	80	1.6	0.4	78	92
양배추 50g	15.5	0.7	0.1	19	14.5

사과당근주스

열량은 이만큼
154 kcal

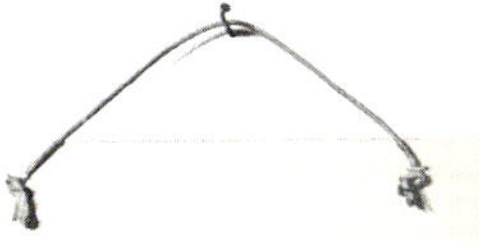

Brain point **사과의 폴리페놀**

사과의 주성분은 탄수화물이지만 식이섬유인 펙틴과 폴리페놀이 많이 함유되어 있습니다. 폴리페놀은 항암물질의 생성을 도와주는 역할을 합니다.

사과 1개, 당근 ½개

① 사과는 식촛물에 잠시 담가 농약 성분을 뺀 후 도려내고 큼직하게 자른다.
② 당근도 깨끗이 씻어 큼직하게 자른다.
③ 믹서에 사과와 당근을 담고 곱게 간다.

재료	열량 Kcal	단백질 g	지질 g	칼슘 mg	비타민C mg
사과1개	136.8	0.72	0.24	7.2	9.6
당근 ½개	17	0.5	0.1	19	3

바나나딸기주스

열량은 이만큼 252kcal

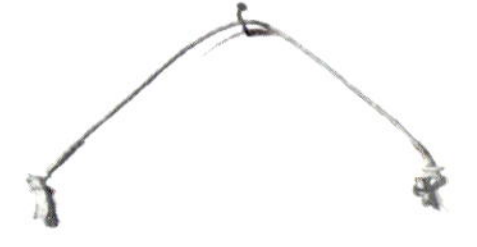

Brain point **바나나의 칼륨**

바나나는 지방, 나트륨과 콜레스테롤이 전혀 없는 대신 풍부한 섬유질과 비타민 C를 다량 함유하고 있는 영양 과일입니다. 각종 성인병에 좋은 칼륨이 풍부합니다.

딸기 5개, 바나나 1½개, 생크림 약간, 우유 ½컵

① 딸기는 깨끗이 씻어 꼭지를 따고 대충 다진다.
② 바나나도 큼직하게 썬다.
③ 믹서에 분량의 우유와 생크림, 딸기, 바나나를 모두 넣고 곱게 간다.

재료	열량 Kcal	단백질 g	지질 g	칼슘 mg	비타민C mg
바나나 1½개	139.5	1.8	0.3	10.5	12
딸기 5개	41.26	1.27	0.16	20.63	130.13
우유 ½컵	60.00	3.2	3.2	105	0

포도주스

열량은 이만큼
161 kcal

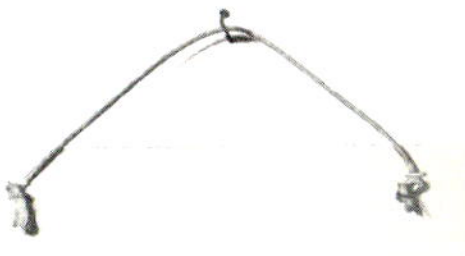

Brain point **포도의 과당**

포도에는 과당이 풍부하여 피로회복에 도움을 주고, 유기산 등의 영양소가 많아서 원기회복과 피로회복에 도움을 줍니다.

포도 20알, 생수 1컵, 시럽 약간

① 포도는 흐르는 물에 씻어 껍질을 벗기고 씨를 뺀다.
② 믹서에 준비한 포도와 시럽, 생수를 넣고 곱게 간다.

재료	열량 Kcal	단백질 g	지질 g	칼슘 mg	비타민C mg
포도 20알	44.8	0.4	0.08	4.8	15
시럽 1큰술	13.2	0	0.01	3.3	0

토마토파인애플주스

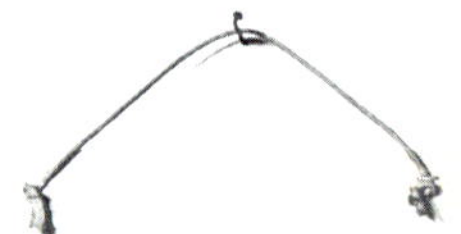

Brain point **토마토의 리코펜**

토마토의 효능으로 손꼽히는 것은 리코펜이라는 항암 작용이 뛰어난 성분입니다. 또 비타민 C, 비타민 A가 풍부하기 때문에 성장기 아이들에게 꼭 필요한 식품입니다.

파인애플(통조림) 2쪽, 토마토 1개

① 토마토는 윗부분에 십자로 칼집을 내어 끓는 물에 살짝 데쳐 껍질을 벗긴다.
② 파인애플은 건더기만 대충 다진다.
③ 믹서에 넣고 갈아준다.

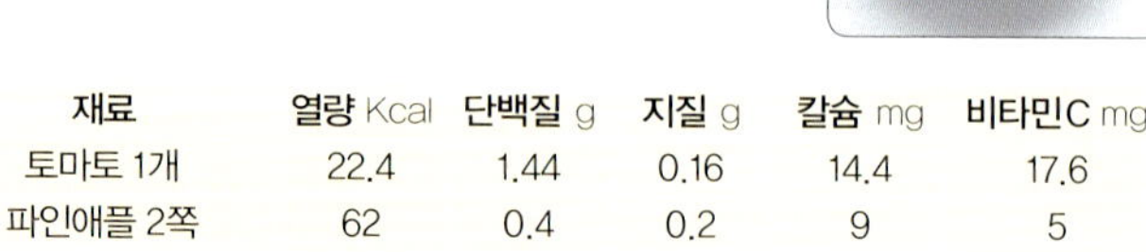

재료	열량 Kcal	단백질 g	지질 g	칼슘 mg	비타민C mg
토마토 1개	22.4	1.44	0.16	14.4	17.6
파인애플 2쪽	62	0.4	0.2	9	5

망고키위주스

Brain point **키위의 엽산**

키위에는 비타민 C, 비타민 E, 엽산, 마그네슘, 칼륨 등이 풍부합니다. 지방과 나트륨 성분은 낮은 반면, 섬유질이 풍부해 아이들 간식으로 좋습니다.

망고 1개, 키위 1개, 요구르트 1개

① 망고의 씨는 과육이 가운데 납작하고 넓게 들어있으므로 중심부를 피해 양쪽으로 자른다.
② 키위도 껍질을 벗기고 큼직하게 썬다.
③ 믹서에 망고와 키위를 넣고 곱게 간다.

재료	열량 Kcal	단백질 g	지질 g	칼슘 mg	비타민C mg
망고 1개	136	1.2	0.2	30	40
키위 1개	54	0.9	0.5	30	38
요구르트 1개	45	0.6	0	42	0

공작놀이

놀이 시간 60분 대상 6~9세

화분에 과일이 주렁주렁

놀이 목표는요…

아이들이 싫어하는 과일과 좋아하는 과일을 이용하여 화분을 만들어 봄으로써 식습관 개선 및 창의력을 키워줄 수 있습니다.

준비물은요…

각종 과일, 나무 꼬지, 투명 플라스틱 컵, 고정용 무, 포장용 비닐, 묶는 타이

이렇게 놀아주세요 50분

1. 과일의 종류에는 어떤 것이 있는지 이야기해본다.
2. 좋아하는 과일은 어떤 것이 있는지, 왜 그 과일을 좋아하는지 이야기해본다.
3. 싫어하는 채소와 과일은 어떤 것이 있는지, 왜 싫어하는지 이야기해본다.
4. 과일의 모양, 색깔, 촉감, 씨의 모양 등을 관찰한다.
5. 재료를 이용해서 과일 화분을 만든다.
   ❶ 과일을 깨끗하게 손질한다.
   ❷ 과일을 적당한 크기로 자른다.
   ❸ 나무 꼬지에 과일을 꽂아 준다.
   ❹ 컵에 고정용 무를 잘라서 넣는다.
   ❺ 꽂이에 낀 과일을 무에 꽂아 고정한다.
   ❻ 투명 비닐로 화분을 감싸주면서 포장한다.

더 놀아주세요 10분

화분을 키운다면 어떤 것을 키우고 싶은지 그려보고, 왜 그것을 키우고 싶은지 이야기해본다.

Play Tip 과일 꼬지에 끼우는 과일은 수분이 적고 단단한 것을 골라야 좋습니다.

공작놀이

놀이 시간 60분 대상 3~9세

식빵 가족!

놀이 목표는요…

아이들이 좋아하는 식빵과 과일을 이용하여 가족들의 얼굴을 꾸며보며, 가족 사랑에 대한 마음을 키울 수 있고, 창의력을 키워줄 수 있습니다.

준비물은요…

식빵, 여러 가지 과일, 생크림, 일회용 접시

이렇게 놀아주세요 

1. 수업 재료에 대하여 탐색하고 이야기해본다.
2. 우리 가족에 대하여 소개를 해본다.
3. 재료를 이용해서 가족 얼굴을 만든다.
4. 식빵에 생크림을 바르고 여러 가지 과일을 이용하여 가족의 얼굴을 꾸며본다.

더 놀아주세요 

우리 가족 얼굴을 도화지에 그려본다.

생크림은 수분과 열에 약하기 때문에 만들 때는 볼에 수분이 없어야 생크림 거품이 잘 올라옵니다.

수학놀이

놀이 시간 60분 대상 3세~9세

화채 속 과일 친구

놀이 목표는요…

아이들이 좋아하는 과일을 이용하여 화채를 만들어봄으로써 먹는 즐거움을 가질 수 있고, 세모, 네모, 동그라미의 도형에 대하여 알아본다.

준비물은요…

사과, 배, 바나나, 홍초, 생수, 도형 모양틀

이렇게 놀아주세요 

1. 과일의 종류에는 어떤 것이 있을까 이야기해본다.
2. 좋아하는 과일은 어떤 것이 있는지, 왜 그 과일을 좋아하는지 이야기해본다.
3. 싫어하는 과일은 어떤 것이 있는지, 왜 그 과일을 싫어하는지 이야기해본다.
4. 과일의 모양, 색깔, 촉감, 씨의 모양 등을 관찰한다.
5. 준비한 과일을 이용하여 화채 만들기
   ❶ 과일을 깨끗하게 손질한다.
   ❷ 과일을 도형 모양틀로 찍어준다.
   ❸ 생수에 홍초를 섞어준다.
   ❹ 모양틀로 찍은 과일을 넣고 화채를 만든다.

더 놀아주세요 

세모 네모 동그라미와 모양이 닮은 주변의 사물에 대해서 이야기해본다.

홍초 대신에 오미자를 우려서 사용하면 건강에도 좋고 색도 예쁜 화채를 만들 수 있습니다.

과학놀이

놀이 시간 60분 대상 6~9세

식빵 애플파이

놀이 목표는요…

식빵을 이용하여 애플파이를 만들고, 사과가 공기와 접촉하면 갈색으로 변하는 갈변현상에 대하여 알아봅니다.

준비물은요…

식빵, 사과, 건포도, 설탕, 냄비, 사과잼 나무주걱, 밥공기

이렇게 놀아주세요

1. 사과의 단면 측면을 잘라보고 모양을 탐색한다.
2. 사과의 자른 단면이 갈색으로 변하는 현상을 관찰한다.
3. 갈변현상을 막기 위하여 어떤 방법을 쓰는지 알아본다.
4. 식빵 애플파이 만들기
   ❶ 사과를 껍질을 제거한 후 슬라이스로 잘라준다.
   ❷ 사과 한 개에 설탕 2수저를 넣고 건포도를 넣고 국물이 없어질 때까지 조려준다.
   ❸ 식빵 한 장에 조린 사과를 올리고 테두리에 사과잼을 바른다.
   ❹ 식빵 한 장을 위에 덮고 밥공기를 엎고 눌러서 입구를 막아준다.

더 놀아주세요

식빵 애플파이에 다른 과일을 올려서 친구 얼굴을 꾸며본다.

사과를 맹물과 설탕물에 담근 후 사과의 다른 맛을 느껴 보면서 삼투압 현상에 대해서도 배울 수 있습니다.

탐색놀이

놀이 시간 60분 대상 6~9세

새콤달콤 과일 스파게티

놀이 목표는요…

스파게티를 만들어 보면서 스파게티의 기원과 이태리의 역사에 대해서 알려줍니다.

준비물은요…

스파게티면, 스파게티 소스, 방울토마토, 파인애플, 사과

이렇게 놀아주세요

1. 스파게티의 기원에 대해서 알아본다.
2. 이태리에 대해서 알아본다.
3. 과일 스파게티 만들기
   ❶ 스파게티 면은 삶아서 프라이팬에 기름을 두르고 볶아 놓는다.
   ❷ 방울토마토, 파인애플, 사과를 작게 썰어 놓는다.
   ❸ 스파게티소스에 자른 과일을 넣고 볶은 후 스파게티면을 넣고 살짝 볶는다.

더 놀아주세요

스파게티면을 이용하여 면 심지 뽑기, 삶은 스파게티 면 자르기, 삶은 스파게티 면 벽에 던지기 등의 게임을 한다.

면 자르기 게임은 삶은 면에 기름을 발라서, 벽에 던지는 놀이입니다. 삶은 면이 벽에 달라붙는 재밌는 체험을 할 수 있지요.

과일 영양소 파괴되지 않게 하는 노하우

풍부한 비타민을 섭취하기 위해 먹는 과일은 조리법에 따라 비타민이 파괴될 수 있으므로 조리할 때 요령을 알아야 한다. 비타민 D와 E 는 열에 강하지만, 비타민 A 와 B 는 열에 닿으면 어느 정도 파괴되고, 비타민 C의 경우 보통 끓는 물에서 비타민C가 10분의 1 정도 줄어 든다고 한다.

과일에 설탕을 넣지 않는다
과일의 단맛을 살리기 위해 설탕을 첨가하는 경우가 더러 있다. 과일은 몸 속에 들어가면 알칼리성 반응을 보이게 되는데, 설탕을 첨가하게 되면 산성 반응으로 바뀌므로 섭취한 과일의 영양적 가치가 떨어지게 된다.

과일 샐러드의 물기 제거는 땅콩으로~
사과, 배, 파인애플, 감 등 각종 과일을 섞어 만든 샐러드는 과일에서 나오는 수분으로 인해 샐러드 드레싱이 묽어지기 쉽다. 수분을 없애려면 샐러드에 땅콩을 갈아넣는 것이 좋다. 과일의 수분을 흡수해 물기가 생기지 않고 땅콩의 고소한 맛이 과일과 한데 어우러져 맛이 한결 좋아진다.

수박에 소금을 넣으면 단맛이 강해진다
설탕물에 소금을 약간 넣으면 단맛이 강해지고, 화학조미료를 넣은 국물에 소금간을 약간 하면 훨씬 강하게 느껴지듯 서로 다른 종류의 맛이 섞이면 본래의 맛이 상승효과가 일어난다. 수박이 달지 않을 때는 소금을 조금 찍어서 먹으면 좋다.

딸기는 유제품과 함께 먹는다
딸기에 우유나 크림을 곁들이게 되면 딸기의 풍부한 구연산이 우유의 칼슘 흡수를 돕고, 비타민 C 가 철분의 흡수를 도와줘 영양이 높아진다.

Brain Food

똑똑한 밥 & 면 밥상

PART 4

Rice food Cooking

하루 세 끼 잘 챙겨 먹어야 하는 밥.
아이들에게 밥을 먹일 때도 변화가 필요하지요.
우리가 먹는 밥에는 탄수화물이 풍부합니다. 인체에 필요한 에너지의
약 50~70% 정도가 탄수화물로부터 나온답니다.
뇌에서 필요한 영양분인 포도당도 탄수화물에서 만들어지는 것이므로
똑똑한 아이로 키우려면 밥을 맛나게 잘 먹여야 합니다.

라이스불고기버거

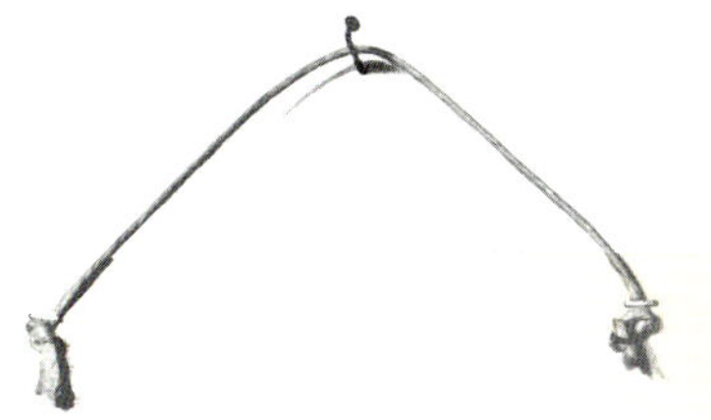

Brain point 소고기의 풍부한 단백질

아이들이 좋아하는 패스트푸드 햄버거에는 포화지방의 함량이 많습니다. 이러한 포화지방의 섭취량이 많아지면 뇌로 이동하는 혈류와 산소의 흐름을 방해할 수 있습니다. 아이들의 두뇌 발달에 도움이 될 수 있도록 밥과 불고기를 이용한 불고기 라이스버거를 만들어 먹이세요. 영양과 맛, 두 가지 효과를 얻을 수 있답니다.

재료는요

밥 ½공기, 소고기(불고기감) 70g, 양상추 1장, 토마토 ½개, 슬라이스 치즈 1장, 마요네즈 1큰술, 올리브오일 적당량

고기밑간양념 간장 1큰술, 참기름 약간, 설탕 ½큰술, 소금 약간, 다진 마늘 1작은술, 후춧가루 조금

① 밥에 소금 간을 한 후 동그랗고 넓적한 모양으로 2개를 빚어 팬에 올리브오일을 두르고 노릇하게 굽는다.

② 쇠고기는 얇게 저며 밑간 양념으로 버무려 둔다. 양상추를 한 입 크기로 찢고 토마토는 모양 살려 저미고, 치즈는 4등분한다.

③ 팬에 올리브유를 두르고 밑간한 ❷의 불고기를 굽는다.

④ 노릇하게 구운 밥 위에 마요네즈를 바르고 불고기와 토마토, 양상추, 치즈를 순서대로 얹고 그 위에 구운 밥을 또 얹는다.

cooking point 쌀 맛있게 불리기

쌀을 맛있게 불리려면 4~5회 저어서 씻은 다음 10~30분 정도 불려서 물이 쌀 전분 알갱이 속에 잘 스미도록 해주세요. 쌀을 너무 오랫동안 불리면 쌀겨 냄새가 섞일 수 있고, 영양성분도 빠져나올 수 있기 때문에 밥맛이 떨어질 수 있습니다.

재료	열량 Kcal	단백질 g	지질 g	칼슘 mg	비타민B_1 mg
밥 ½공기	157.9	3.11	0.23	2.3	0.05
소고기 70	152.6	14.7	9.87	7.7	0.05
양상추 1장	1.65	0.14	0.02	4.8	0.01

두부오믈렛

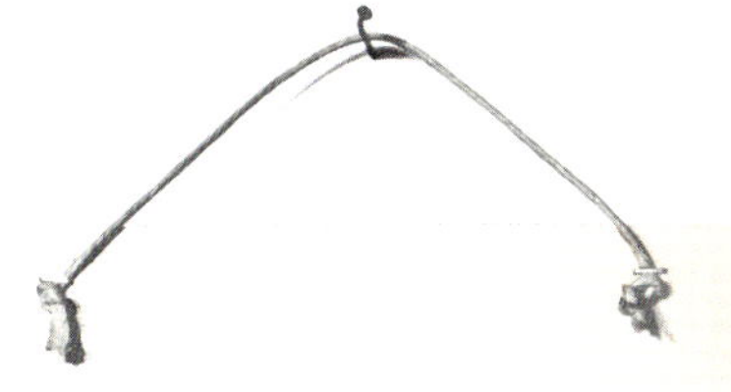

Brain point 난황의 레시틴

달걀은 껍데기, 난백, 난황 세 가지가 11 : 58 : 31의 비율로 구성되어 있습니다. 난황에는 뇌와 신체의 활성을 유지시켜 노화를 방지하는 레시틴과 양질의 단백질이 들어 있어요. 이러한 레시틴은 해마의 신경 전달을 도와 기억력을 높여준다고 합니다.

재료는요

밥 ⅔공기, 두부 ¼모, 시금치 10g, 달걀 2개, 옥수수(통조림) 2큰술, 굴 소스 ½큰술, 소금 · 참기름 · 깨소금 조금씩, 식용유 적당량

cooking point 두부 맛있게 보관하기

두부는 수분이 많아 부치거나 튀길 때 기름이 튀고 부서지기 쉽습니다. 두부를 도톰하게 잘라 채반에 담고 소금을 뿌린 다음 키친타월을 올려두면 수분이 빠지면서 단단해져 요리하기 쉬워지죠. 두부를 부칠 때는 기름을 약간만 넣는 것이 담백한 맛을 내는 비법입니다.

① 두부는 사방 1cm 크기로 잘라 노릇하게 부치고 시금치는 살짝 데쳐 잘게 썰고, 옥수수 통조림은 체에 밭쳐 물기를 뺀다.

② 달군 팬에 기름을 두르고 밥을 넣어 볶다가 준비한 시금치와 두부, 옥수수를 넣고 굴 소스, 소금, 깨소금으로 양념하여 고루 섞어 볶은 후 불을 끄고 참기름을 넣어 고루 섞어 모양틀에 담는다.

③ 볼에 달걀을 풀어 알끈을 제거한 후 소금 간을 한다.

④ 달군 팬에 기름을 두르고 ❸의 달걀물을 붓고 모양틀에 넣은 ❷의 밥을 지단 위에 올려 달걀이 익기 전에 지단으로 감싼다.

재료	열량 Kcal	단백질 g	지질 g	칼슘 mg	비타민B_1 mg
밥 ⅔공기	204.4	3.78	0.28	2.8	0.06
두부 ¼모	79	8.4	3.5	159	0.05
시금치 10g	2.7	0.28	0.04	4.3	0.01

떡잡채

열량은 이만큼
395 kcal

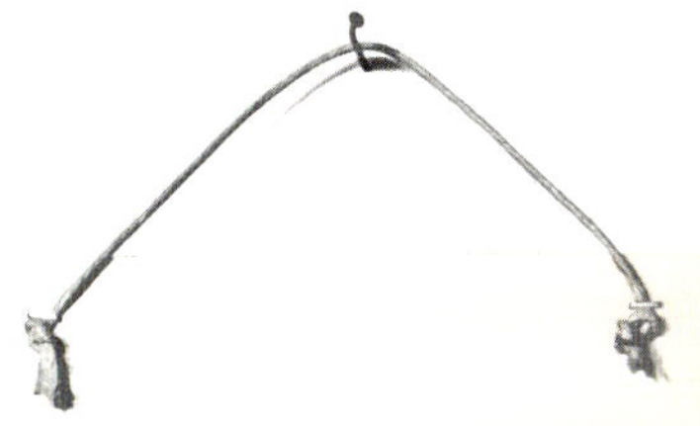

Brain point 당근과 버섯의 비타민 A, D

잡채에 많이 사용되는 재료인 당근과 버섯 등에는 비타민 A, D 등의 지용성비타민이 많습니다. 이러한 지용성 비타민은 반드시 기름과 함께 조리해야 우리 몸에서 잘 흡수됩니다. 기름을 넉넉히 두르고 강하지 않은 불로 시간을 두면서 약간 처진 느낌이 날 때까지 볶아주면 카로틴 성분이 기름으로 충분히 빠져나옵니다.

떡볶이떡 150g, 피망 ½개, 표고버섯 1개, 당근 · 양파 ¼개씩, 실파 3뿌리
소스 간장 5큰술, 설탕 3큰술, 참기름 ½큰술, 후춧가루 · 통깨 조금씩

cooking point 방금 뽑은 떡은 토막 무에 칼을 문질러 썰어요

금방 뽑아낸 흰떡을 썰면 칼에 달라붙는다. 이럴 때는 토막 낸 무에 칼을 문질러 가면서 썰면 잘 붙지 않고 예쁘게 썰어진다.

① 당근과 양파, 피망은 5cm 길이로 채 썰고 실파는 표고버섯의 갓 부분은 5cm 정도로 가늘게 채치고 실파는 같은 길이로 자른다.

② 떡은 끓는 물에 살짝 데쳐서 4등분으로 길게 잘라준다.

③ 팬에 기름을 두르고 당근, 양파, 피망을 넣고 볶다가 떡을 넣고 볶는다.

④ ❸에 간장, 설탕으로 간 하고 실파를 넣어 살짝 볶은 후 불을 끄고 참기름, 후춧가루, 통깨를 넣고 고루 섞는다.

재료	열량 Kcal	단백질 g	지질 g	칼슘 mg	비타민B_1 mg
떡볶이떡 150g	315	7.05	0.75	3	0.15
피망 ½개	4.08	0.16	0.04	2.4	7.2
표고버섯 1개	6.6	0.36	0.08	0.6	0.01

시금치당근수제비

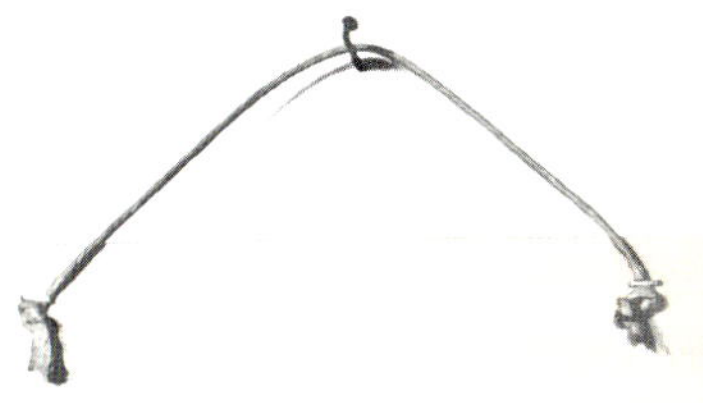

Brain point **시금치의 비타민 A · C**

힘센 뽀빠이가 좋아하는 시금치는 채소 중에서 비타민 A · C가 가장 많답니다. 시금치에는 철분을 비롯한 인 · 칼슘 · 요오드 등 미네랄까지 풍부한 알칼리성 식품입니다. 또한 철분과 엽산은 빈혈을 예방합니다. 시금치에 들어 있는 사포닌과 질 좋은 섬유질은 변비 치료에도 효과가 있답니다.

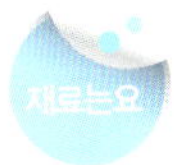

밀가루 2컵, 시금치 · 당근 20g씩, 감자 1½개, 애호박 ⅛개, 실파 1줄, 간장 1큰술, 소금 · 후춧가루 조금씩, 물 ½컵, 멸치국물 2컵

cooking point 시금치의 영양 지키기

시금치에 있는 영양을 지키기 위해서는 깨끗하게 잘 씻어 끓는 물에 잠시 넣었다가 불을 끄면 된답니다. 뚜껑을 열어 둔 채로 삶으면 시금치의 파란 색깔이 살아있고 수제비 육수에 시금치 삶은 물을 함께 쓰면 국물에 시금치의 영양성분도 함께 녹아 들어가 훨씬 더 영양가가 있겠지요.

① 시금치와 당근은 각각 믹서에 갈아서 즙을 짜서 물 ¼컵씩을 섞은 후 밀가루를 반으로 나눠 시금치와 당근즙을 각각 부어가며 고루 치댄다.

② ❶의 두 반죽을 밀어서 모양틀로 찍고 애호박, 감자도 얇게 썰어 모양틀로 찍고, 실파는 3cm 길이로 썬다.

③ 멸치국물에 감자, 애호박, 수제비를 차례대로 넣고 끓이다가 거의 익었을 때 실파를 넣고 소금과 후춧가루로 간을 한다.

재료	열량 Kcal	단백질 g	지질 g	칼슘 mg	비타민B_1 mg
밀가루 2컵	693	21	2.94	39.9	0.48
시금치 20g	5.4	0.56	0.08	8.6	0.02
당근 20g	6.8	0.2	0.04	7.6	0.01

삼색채소주먹밥

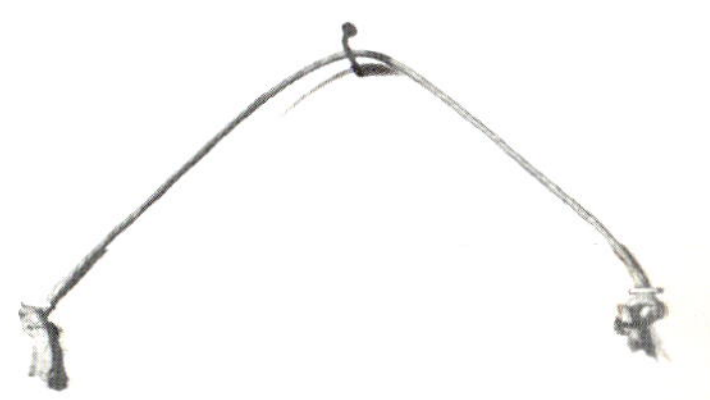

Brain point 채소의 비타민 C

채소에 제일 많이 들어있는 비타민 C는 아이들의 신체 기능을 유지하기 위해 없어서는 안 될 필수 영양소입니다. 아이들의 뇌 혈관을 튼튼히 해주고 혈액을 깨끗이 정화하는 역할을 합니다. 머리가 그만큼 맑아지는 것이지요.

재료는요

밥 ⅔공기, 오이 · 당근 10g씩, 아몬드가루 2큰술, 김 1장, 참기름 · 통깨 · 소금 조금씩, 식용유 적당량

cooking point 오이와 당근 잘 볶는 법

오이와 당근을 볶을 때는 식용유를 조금만 넣어야 보슬보슬하게 잘 볶아지죠. 삼색채소주먹밥은 색이 고와 아이들의 입맛을 자극하기 때문에 편식하는 아이들도 곧잘 먹는답니다.

① 밥에 참기름, 통깨, 소금을 넣어 고루 비비고 김은 5mm 띠로 잘라둔다.

② 오이와 당근은 껍질을 벗기고 잘게 다져 식용유를 조금 두른 팬에 고슬하게 볶는다.

③ ❶의 밥을 3등분으로 나눈 후 각각 아몬드가루, 오이, 당근을 넣어 고루 섞은 후 타원형으로 빚어 김 띠를 둘러준다.

재료	열량 Kcal	단백질 g	지질 g	칼슘 mg	비타민B_1 mg
밥 ⅔공기	204.4	3.78	0.28	2.8	0.06
오이 10g	0.9	0.08	0.01	2	0
당근 10g	3.4	0.1	0.02	3.8	0

소고기채소달걀말이밥

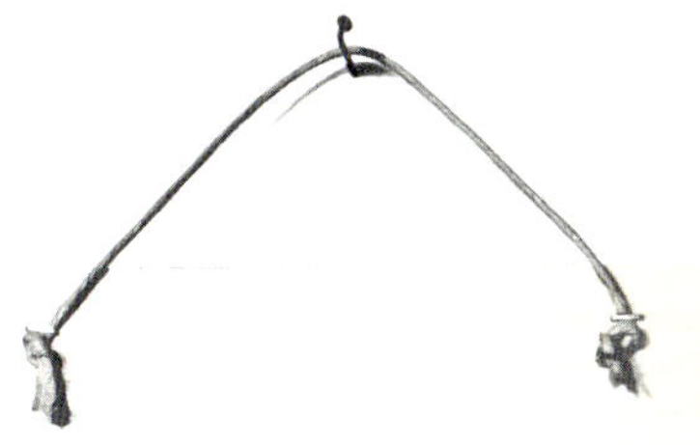

Brain point 달걀과 채소의 단백질과 비타민

달걀은 완전식품으로 꼽힙니다. 100g당 열량은 162kcal, 수분 74.4%, 단백질 12.3%, 지질 11.2%, 당질 0.9%, 칼슘 55mg 포함되어 있지만 비타민 C와 섬유질이 부족하지요. 달걀을 섭취할 때에는 프라이로 조리하기보다는 채소와 함께 먹는 조리법을 사용하는 것이 좋아요. 고른 영양섭취로 아이의 두뇌발달에 도움을 줄 수 있습니다.

재료는요

밥 ½공기, 달걀 1개, 다진 소고기 20g, 양파 20g, 당근 · 청피망 · 홍피망 10g씩, 소금 약간, 식용유 적당량

쇠고기 양념 다진 파 1큰술, 간장 ½작은술, 다진 마늘 ⅓작은술

cooking point 달걀말이를 잘 만들려면

달걀을 체에 걸러 알끈을 제거해 주고, 기포를 없애준 후 팬에 기름을 두른 다음 키친타월로 닦아준 후 반쯤 익었을 때 밥을 돌려주세요. 이때 약불로 줄어서 달걀을 익혀야 매끄러운 달걀말이가 된답니다.

① 다진 소고기는 분량의 고기 양념으로 밑간하고, 양파와 당근은 껍질을 벗겨 잘게 다지고 청피망과 홍피망은 씨를 털어 잘게 다진다.

② 팬에 식용유를 두르고 준비된 고기와 야채, 밥 순서대로 넣어 볶은 후 소금으로 간하여 한 입 크기로 동그랗게 만든다.

③ 달걀은 알끈을 제거하고 곱게 풀어 팬에 1~2큰술을 길게 펴놓고 주먹밥을 올려 돌돌 예쁘게 만다.

Tip 계란 프라이 예쁘게 만드는 법

계란 프라이를 동글동글하고, 색도 선명하게 정말 예쁘게 만들려면 뚜껑을 덮어서 증기를 이용하면 됩니다.

1. 팬을 달군 후 식용유를 두른다.
2. 계란을 깨서 넣는다.
3. 아랫부분이 거의 다 익었을 때쯤 프라이팬에 물을 한두 스푼 부은 후 재빨리 뚜껑을 닫는다.

재료	열량 Kcal	단백질 g	지질 g	칼슘 mg	비타민B_1 mg
밥 ½공기	157.9	3.11	0.23	2.3	0.05
달걀 1개	94.8	7.5	6.4	23.4	0.04
다진 소고기 20g	27	4.88	0.94	1.6	0.02

삼색인절미밥

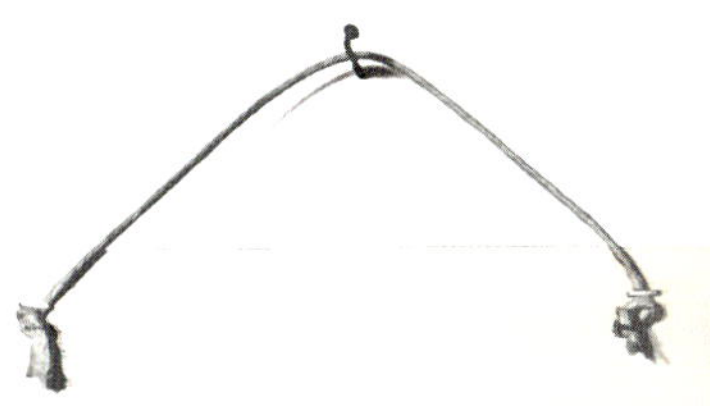

Brain point 콩가루의 단백질과 사포닌

고소한 맛이 일품인 콩가루에는 단백질, 지방, 탄수화물, 미네랄이 많이 함유되어 있습니다. 또한 뇌를 만드는 주성분인 레시틴이 풍부합니다. 콩에 들어있는 레시틴은 뇌세포에 활력을 주고 기억력을 높이는데 도움을 주지요. 뇌의 노화를 억제하는 사포닌도 듬뿍 들어 있어요.

① 밥은 절구에 담아 생수, 소금을 넣고 방망이로 끈기가 나도록 찧는다.

② 손에 밥이 달라붙지 않게 물을 발라가며 찧은 밥을 한 입 크기로 동그랗게 빚는다.

쌀밥 ⅓공기, 콩가루 1큰술, 흑임자가루 1큰술, 카스텔라 가루 1큰술, 생수 1큰술, 소금 조금, 꼬지 여러 개

③ ❷의 밥 완자를 삼색고물에 각각 굴려 고루 묻혀 먹기 좋게 꼬지에 끼운다.

cooking point 좋은 콩 고르는 법

보기 좋은 떡이 먹기에도 좋다고 하지요. 좋은 콩은 껍질이 얇고 깨끗하며 윤택이 많이 나고 배꼽 색깔에 검은 낱알이 거의 섞여있지 않습니다. 살찌고, 빛깔이 고우며, 알이 고르고, 벌레가 없으며 다른 물질이 섞이지 않은 것이 좋은 콩이랍니다.

재료	열량 Kcal	단백질 g	지질 g	칼슘 mg	비타민B1 mg
밥 ⅓공기	102.2	1.89	0.14	1.4	0.03
콩가루 1큰술	48.3	7.35	0.06	33	0.07
흑임자가루 1큰술	55.9	1.84	5.14	123.7	0.02

메추리알떡조림

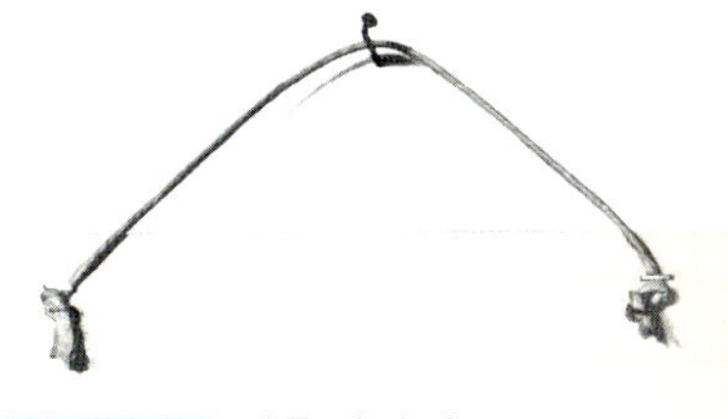

Brain point 메추리알의 필수 아미노산

메추리알에는 다양한 필수 아미노산을 포함한 단백질뿐 아니라, 두뇌에도 좋은 레시틴이 함유되어 있습니다. 하지만 메추리알에는 비타민 C, 탄수화물, 섬유소가 없으므로 채소와 과일, 곡류를 함께 먹어야 좋답니다.

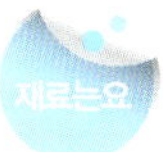

재료는요

조랭이떡 100g, 메추리알 10개, 당근 ⅛개, 양파 ¼개, 피망 ¼개, 식용유 적당량, 깨소금 · 식초 · 소금 조금씩

소스 간장 5큰술, 설탕 3큰술, 참기름 ½큰술, 다진 마늘 ½작은 술, 후추 약간

cooking point 메추리알 잘 삶기

메추리알을 삶을 때는 알이 물에 완전히 다 잠길 정도로 물을 붓고 소금과 식초를 넣습니다. 이 때 소금과 식초를 넣는 이유는 소금은 메추리알 껍질이 깨지지 않게 해주며, 식초는 껍질을 산화시켜 다 삶은 후 껍질이 잘 까지도록 도와주기 때문이지요.

① 조랭이떡은 끓는 물에 살짝 데쳐 찬물에 헹궈 기름을 약간 넣고 버무린다. 메추리알은 삶아 껍질을 벗기고 양파와 당근, 피망은 잘게 썬다.

② 메추리알은 냄비에 메추리알이 잠길 정도의 물을 붓고 소금과 식초를 넣고 삶아서 식혀둔다.

③ 팬에 기름을 두르고, 양파와 당근, 피망을 넣고 볶다가 ❶의 떡을 넣고 볶는다.

④ 냄비에 소스를 넣고 끓이다가 ❷와 메추리알을 넣어 잘 조린 후 불을 끄고 깨소금을 뿌려준다.

재료	열량 Kcal	단백질 g	지질 g	칼슘 mg	비타민 B_1 mg
조랭이떡 100g	240	4.7	0.5	2	0.1
메추리알 10개	249	18.6	16.95	87	0.21
당근 ⅛개	4.08	0.12	0.02	4.56	0.01

단호박스파게티

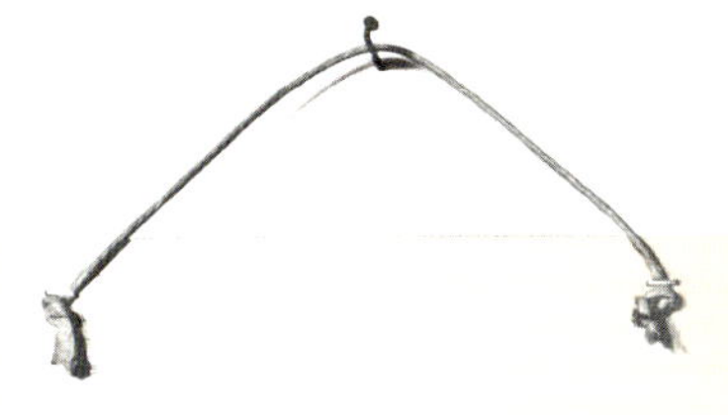

Brain point 단호박의 비타민 B, C

단맛이 일품인 단호박은 전분과 미네랄, 비타민 B, C의 함량이 많고 달콤한 맛이 일품인 대표적 웰빙 식품입니다. 달콤하고 부드러워 아이들도 잘 먹는 영양가 높은 식품이지요.

스파게티면 80g, 단호박 ⅛개, 파프리카 ¼개, 양파 ¼개, 토마토스파게티소스(시판용) ½컵, 방울토마토 5개, 올리브유 적당량.

cooking point 스파게티면 잘 삶기

스파게티 면을 삶을 때 물이 끓기 시작하면 소금을 2큰술 정도 넣어주세요. 스파게티면은 일반 가정 불로는 금방 익지 않으니 13분~15분 정도 팔팔 끓는 물에 익혀주고, 물은 다 버리지 말고 나중에 크림이 너무 뻑뻑하다고 생각되면 면을 끓인 물을 조금 부어 주면 더욱 맛있어집니다.

① 끓는 물에 식용유 1작은 술과 소금 조금, 스파게티면을 넣고 12분 쯤 삶아 건진다.

② 단호박은 껍질을 벗겨 씨를 뺀 후 잘게 썬다. 양파와 파프리카는 곱게 다지고 방울토마토는 4등분 한다.

③ 팬에 올리브유를 두르고 단호박과 양파, 파프리카를 잘 볶는다.

④ 어느 정도 익으면 스파게티면과 소스를 넣고 물기가 없도록 볶는다. 모자란 간은 소금으로 한다.

재료	열량 Kcal	단백질 g	지질 g	칼슘 mg	비타민B_1 mg
삶은 스파게티면 80g	245.25	8.55	1.5	15.75	0.14
단호박 ⅛개	11.6	0.68	0.08	8.8	0.02
파프리카 ¼개	2.04	0.08	0.02	1.2	3.6

삼색꼬마김밥

열량은 이만큼 545 kcal

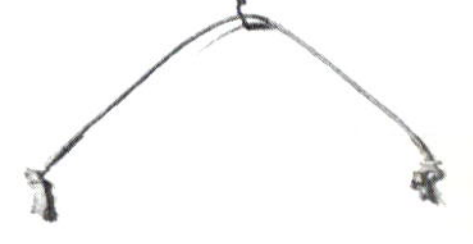

Brain point 김의 풍부한 미네랄

김은 단백질, 칼륨, 철분, 비타민, 인 등 각종 미네랄이 풍부하게 함유되어 있는 알카리성 식품입니다. 식이섬유가 풍부한 건강식품이지요.

밥 1공기, 김 3장, 김밥햄 2줄, 오이 ⅓개, 김밥용 단무지 2줄, 소금 약간, 식용유 1작은술, 배합초(식초 2큰술, 설탕 1큰술, 청주 · 소금 약간)

① 햄과 단무지는 길이로 반 나누고, 오이는 소금으로 껍질을 문질러 씻은 후 햄과 같은 크기로 썬다.
② 배합초를 팔팔 끓여 따뜻한 밥에 고루 섞는다.
③ 김은 반으로 잘라 그 위에 준비한 밥을 얇게 펴고 오이와 햄, 단무지를 넣어 돌돌 말아 한 입 크기로 자른다.

재료	열량 Kcal	단백질 g	지질 g	칼슘 mg	비타민B_1 mg
밥 1공기	315.8	6.22	0.46	4.6	0.1
김밥햄 2줄	38.8	3.06	1.74	1.2	0.02
오이 ⅓개	2.97	0.26	0.03	8.58	0.01

멸치삼각주먹밥

열량은 이만큼 572 kcal

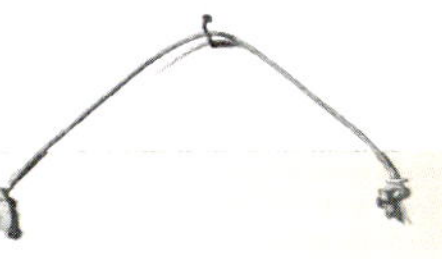

Brain point **김의 풍부한 미네랄**

멸치에는 칼슘과 DHA, 타우린 등이 풍부합니다. 칼슘은 성장기 뼈 성장에 도움이 되고, DHA는 기억력 향상, 뇌세포 활성화에 도움을 주지요.

밥 1공기, 잔멸치 50g
양념 다진 마늘 ½작은술 , 송송 썬 실파 1작은술, 간장 2큰술, 설탕 2큰술, 물엿 1작은술, 청주 1작은술, 참기름 1작은술, 통깨 1작은술

① 달군 팬에 기름을 두르고 잔멸치를 넣어 볶다가 준비된 양념을 넣고 조린 후 통깨를 뿌린다.
② 조린 멸치는 식혀 잘게 다진 후 볼에 넣어 밥과 함께 고루 섞어 삼각 모양의 주먹밥을 만든다.

재료	열량 Kcal	단백질 g	지질 g	칼슘 mg	비타민B_1 mg
밥 1공기	315.8	6.22	0.46	4.6	0.1
잔멸치 30g	119	80	15.2	1.6	0.05

충무김밥

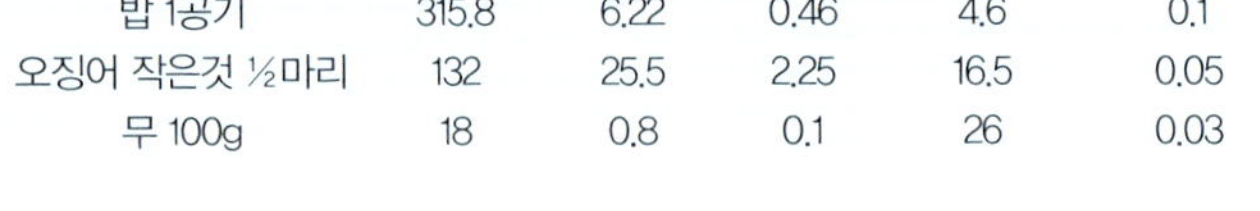

재료	열량 Kcal	단백질 g	지질 g	칼슘 mg	비타민B1 mg
밥 1공기	315.8	6.22	0.46	4.6	0.1
오징어 작은것 ½마리	132	25.5	2.25	16.5	0.05
무 100g	18	0.8	0.1	26	0.03

Brain point **오징어의 타우린**

오징어에 함유된 타우린은 간 기능을 활성화 시켜 혈액을 맑게 해줍니다. 또 근육과 뼈를 튼튼하게 해주는 식품입니다.

재료는요

밥 ⅔공기, 오징어(작은 것) 1마리, 무 200g, 김 2장

양념장 고춧가루 1큰술, 멸치액젓 · 간장 · 설탕 1작은술씩, 깨소금 · 참기름 · 대파 · 다진 마늘 조금씩

① 오징어는 껍질을 벗겨 끓는 물에 살짝 데친 후 2×4cm 크기로 자른다.

② 무는 4cm 길이로 얇게 썰어 소금에 절인 후 물에 헹궈 물기를 꼭 짠다.

③ 오징어와 무는 분량의 양념에 함께 무친다.

④ 김을 6등분 해 밥을 꼭꼭 뭉쳐가며 말아 김밥을 만들어 무친 오징어와 무를 함께 곁들인다.

우엉유부초밥

열량은 이만큼
597kcal

재료	열량 Kcal	단백질 g	지질 g	칼슘 mg	비타민B_1 mg
밥 1공기	315.8	6.22	0.46	4.6	0.1
우엉 30g	18.6	0.93	0.06	16.8	0.01
유부 10장	123.8	8.6	6.44	0	0

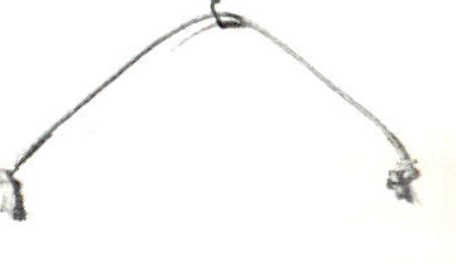

Brain point 우엉의 아르기닌

우엉에는 아르기닌이라는 강정효과가 있어 힘을 좋게 하고 뇌를 튼튼하게 합니다. 또 장을 자극해서 소화나 노폐물 배출을 돕는 섬유질이 풍부합니다.

밥 1공기, 우엉 100g, 유부 10장, 당근 ⅓개, 청주 1작은 술, 흑임자 약간
초밥양념 식초 4큰술, 설탕 3큰술, 소금 1큰술
우엉조림 양념 간장 1큰술, 설탕 1큰술, 청주 약간, 물 ⅓컵

① 냄비에 식초와 설탕, 소금을 넣고 잘 저어주면서 살짝 끓인 후 고슬하게 지은 밥에 섞는다.
② 유부는 살짝 데쳐 찬물에 헹구어 체에 밭쳐 물기를 뺀다.
③ 우엉은 냄비에 분량의 양념장과 함께 넣어 조려서 식힌 후 다지고, 당근도 잘게 다진 후 살짝 볶아둔다.
④ 준비된 밥에 우엉과 당근을 넣고 검은깨를 섞어 ❷의 유부에 넣어 모양을 낸다.

삼색주먹밥

열량은 이만큼
550kcal

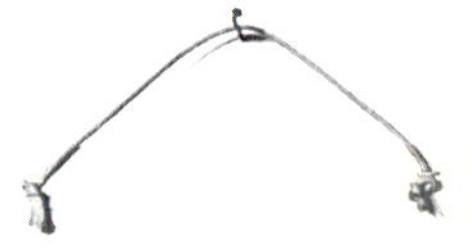

Brain point 참치의 DHA

참치에 풍부하게 들어있는 오메가3는 뇌 발달에 도움이 되는 DHA가 되는 것으로 성장기 아이들에게 꼭 먹여야 할 성분입니다.

밥 1½공기, 참치(통조림) 70g, 김치 50g, 날치알 2큰술, 참기름 2작은술

① 참치는 체에 밭쳐 기름을 빼고, 김치는 속을 털어낸 후 잘게 다져 각각 참기름을 넣고 버무려준다.
② 볼 세 개를 준비하여 날치알, 참치, 김치를 각각 담은 후 밥을 3등분 하여 넣고 고루 섞은 후 동그랗게 빚는다.

재료	열량 Kcal	단백질 g	지질 g	칼슘 mg	비타민B_1 mg
밥 1½공기	452.6	8.37	0.62	6.2	0.12
참치통조림 70g	113.2	13.65	11.55	4.2	0.04
배추김치 50g	5.4	1	0.25	23.5	0.03
날치알 2큰술	19.2	15.12	0.44	2.8	0

달걀말이밥

열량은 이만큼
625kcal

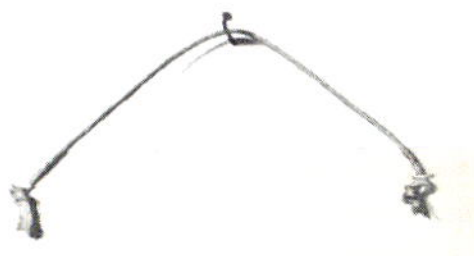

Brain point **달걀의 루테인**

달걀의 루테인 성분은 컴퓨터 게임을 좋아하는 아이들에게 도움이 됩니다. 레시틴이라는 인지질 성분은 뇌의 세포막을 형성하고, 신경전달물질을 조절해 뇌기능을 강화시킵니다.

밥 1공기, 달걀 2개 , 양파 ½개, 당근 ⅓개, 식용유, 김 1장, 참기름 · 참깨 조금씩

① 양파와 당근은 손질 후 다져서 달군 팬에 소량의 식용유를 넣고 볶은 후 볼에 밥과 함께 참기름, 깨소금을 넣고 잘 버무려준다.

② ❶의 밥을 먹기 좋은 크기로 뭉쳐 주먹밥을 만든다.

③ 김은 2cm 두께로 길게 잘라두고 달걀을 풀어 알끈을 제거한 후 도톰하게 달걀말이해서 주먹밥 굵기로 자른 후 ❷의 밥에 올려 김으로 말아 고정시킨다.

재료	열량 Kcal	단백질 g	지질 g	칼슘 mg	비타민B_1 mg
밥 1공기	315.8	6.22	0.46	4.6	0.1
달걀 2개	189.6	15	12.84	46.8	0.07
김 1장	5.4	0.85	0.09	6	0.02

놀이 시간 60분 대상 6~9세

고소하고 달콤한 쌀강정

놀이 목표는요…

쌀이 자라는 과정을 통해서 자연에 대해서 배우고 농부들에 대해 감사한 마음을 갖도록 합니다.

준비물은요…

쌀 튀밥, 조청, 물엿, 땅콩가루, 냄비, 나무주걱, 식용유, 비닐 장갑

이렇게 놀아주세요 50분

1. 쌀이 어떻게 자라는지 재배 과정을 알아본다.
2. 쌀이 우리 식탁에 오기까지 어떤 과정을 거치는지 알아본다.
3. 쌀의 종류에 대하여 알아본다.
4. 쌀 강정 만들기
   ❶ 냄비에 조청 3대, 물엿 1을 넣고 끓여준다.
   ❷ 쌀 튀밥과 땅콩 가루를 넣고 버물려준다.
   ❸ 비닐 장갑에 식용유를 묻힌 후 쌀강정을 스틱형으로 만들어 준다.

이렇게 더 놀아주세요 

토끼, 양 등의 흰색 털을 가진 동물을 알아본 후 도화지에 그린 후 쌀 튀밥을 붙여본다.
재료 : 도화지, 색연필, 쌀 튀밥, 물풀

강정을 버무리는 볼이나 비닐장갑에 식용유를 바르면 강정이 달라붙지 않아서 만들기가 더욱 편합니다.

즐거운 Cooking Play

놀이 시간 90분 대상 6~9세

팝콘 버무리

놀이 목표는요…

옥수수의 성장 과정을 알아보고, 팝콘이 튀겨지는 과정을 통해서 압력에 대해서 알아봅니다.

준비물은요…

팝콘 옥수수, 식용유, 냄비, 조청, 물엿, 비닐 장갑, 나무 꼬지

이렇게 놀아주세요 

1. 팝콘이 되는 원료를 생산하는 식물이 어떤 것인지 알아본다.
2. 옥수수의 성장 과정을 알아본다.
3. 팝콘처럼 열에 의하여 만들어지는 다른 것에 대하여 알아본다.
4. 팝콘버무리에 들어가는 재료는 어떤 것인지 알아본다.
5. 팝콘버무리 만들기
   ❶ 투명 뚜껑이 있는 프라이팬을 달구어 버터와 소금을 넣고 녹여준다.
   ❷ 냄비에 팝콘 옥수수를 넣고 튀긴다.
   ❸ 견과류를 작게 다져 준다.
   ❹ 조청 3대 물엿 1을 넣고 끓여준다.
   ❺ 팝콘과 견과류에 소스를 넣고 버물려준다.
   ❻ 비닐 장갑에 식용유를 살짝 발라서 버무린 것을 손으로 동그랗게 뭉쳐 나무꼬지에 꽂아준다.

더 놀아주세요 

나뭇가지에 튀겨진 팝콘을 붙혀서 팝콘나무를 만들어본다.

팝콘을 튀기는 냄비의 뚜껑을 투명 유리로 된 것을 사용하면 팝콘이 튀겨지는 모습을 볼 수 있어서 더욱 재미있는 놀이가 될 수 있습니다.

경제놀이

놀이 시간 60분 대상 6~9세

용돈 기입장 만들기

놀이 목표는요…

나만의 용돈 기입장을 만들고 용돈을 어떻게 받고 쓰는지 발표하면서 돈의 소중함과 아끼는 습관을 들일 수 있습니다.

준비물은요…

용돈 기입장 노트, 겉표지, 여러 가지 곡물, 공작용 풀, 색종이, 색연필, 풀, 가위

이렇게 놀아주세요 

1. 용돈에 대하여 알아본다.
   ❶ 용돈을 어떻게 얼마나 받는지 이야기한다.
   ❷ 용돈을 어디에 얼마나 쓰는지 이야기한다.
2. 나만의 용돈 기입장을 만든다.
   곡물, 색종이, 색연필을 이용하여 용돈 기입장을 겉표지를 꾸며 본다.
3. 일주일간 용돈을 쓴 내용을 기입장에 적어서 발표하도록 과제를 내준다.

더 놀아주세요 

용돈을 받기 위해 본인이 할 수 있는 여러 가지 일을 써본 후 발표해 본다.

용돈기입장에 사용하는 겉표지는 한지를 사용하면 더욱 예쁘고 좋습니다.

놀이 시간 60분 대상 6~9세

곡물 꽃이 활짝~

놀이 목표는요…

잡곡을 싫어하는 아이들에게 곡물과 친해지는 시간을 갖고 협응력을 키워줍니다.

준비물은요…

도화지, 색연필, 목공 풀, 여러 가지 곡물

이렇게 놀아주세요 

1. 꽃의 종류에 무엇이 있는지 알아본다.
2. 내가 가장 좋아하는 꽃에는 어떤 것이 있는지 이야기한다.
3. 준비한 곡물을 탐색해 본 후 이야기한다.
4. 좋아하는 곡물과 싫어하는 곡물에 대하여 이야기하고, 왜 싫어하는지 말해본다.
5. 나만의 꽃밭이 있다면 어떤 꽃을 심고 싶은지 이야기한다.
6. 도화지에 밑그림을 그리고 곡물을 이용하여 꾸며준다.

더 놀아주세요 

도화지에 밥그릇을 그리고 잡곡을 붙여 보면서 아이가 잡곡밥을 잘 먹을 수 있도록 놀이를 합니다.

목공용 풀은 문구점에서 쉽게 구입할 수 있고, 무독성이라 안심하고 사용할 수 있습니다.

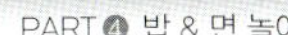

놀이 시간 60분 대상 6~9세

누가 누가 이기나?

 놀이 목표는요…

콩을 싫어하는 아이들에게 친해지는 시간을 갖고, 젓가락과 수저를 이용하여 옮기는 게임을 하면서 소근육, 협응력, 협동심을 키울 수 있습니다.

준비물은요…

콩, 수저, 젓가락, 접시

이렇게 놀아주세요 

1. 콩의 종류에는 무엇이 있는지 알아본다.
2. 콩의 성장 과정에 대해서 알아본다.
3. 콩을 이용해서 게임을 해본다.
   ❶ 부르는 수만큼 콩을 젓가락으로 옮기는 개인전 게임을 해본다.
   ❷ 콩을 수저로 떠서 친구한테 옮기는 팀 대항 릴레이 게임을 해본다.

더 놀아주세요 20분

부직포에 꽃이나 나비 등의 무늬를 그리고 자른 뒤 콩을 붙이고 옷핀을 달아서 브로치를 만들어 본다.
– **재료 :** 부직포, 색연필, 가위, 글루건, 옷핀

게임에 사용하는 젓가락은 유아들은 에디슨 젓가락을 사용하면 좋습니다. 스테인레스 젓가락보다 나무젓가락이 게임하기에 좋습니다.

놀이 시간 90분 대상 연령 6~9세

삼색 모양 주먹밥

놀이 목표는요…

밥이 공기와 만나면서 딱딱해지는 과정을 살펴보고 전분의 노화에 대하여 알아봅니다.

준비물은요…

쌀, 노란색(계란, 단무지, 옥수수), 초록색(오이, 애호박, 피망), 붉은색(당근, 햄, 맛살) 소금, 참기름, 참깨

이렇게 놀아주세요 

1. 쌀에 들어있는 영양분에 대하여 알아본다.
2. 주먹밥의 유래에 대하여 알아본다.
3. 밥이 공기와 만나면서 딱딱해지는 과정을 살펴보고 전분의 노화에 대하여 알아본다.
4. 삼색 주먹밥 만들기
   ❶ 쌀을 씻어서 밥을 만든다.
   ❷ 데코레이션을 할 재료를 빼고 위의 재료를 잘게 다진다.
   ❸ 채소를 프라이팬에 볶아준다.
   ❹ 밥에 소금, 참깨, 참기름을 넣고 양념 후 각각의 같은 색의 재료를 넣고 섞어준다.
   ❺ 여러 가지 도형이나 모양 동물이나 케릭터 모양을 만들고 남은 채소들로 장식한다

더 놀아주세요 

1. 같은 색의 도화지에 과일과 채소를 붙이기
2. 도화지의 같은 색의 동그라미 속에 채소와 과일 이름 적어보기

채소는 센 불에서 빠르게 볶아야 수분이 생기지 않아 좋습니다.

Brain Food

똑똑한 고기 밥상

PART 5

Meat food Cooking

육류에는 아이들에게 꼭 필요한 철분이 다량 함유되어 있습니다. 성장기 아이들의 세포를 만들어주고 활력을 주는 단백질원이지요. 육류에는 단백질과 지방이 주성분이지만 칼륨, 아연, 철, 나트륨, 구리 같은 무기질과 비타민 B_1, 비타민 B_2, 나이아신, 비타민 B_6, 비타민 B_{12} 등의 비타민 B도 풍부하게 들어있답니다. 성장에 도움을 주고 건강을 유지하며 인체를 구성하는데 꼭 필요한 영양소 단백질로 우리 아이를 더 똑똑하게 키우세요.

소고기채소말이

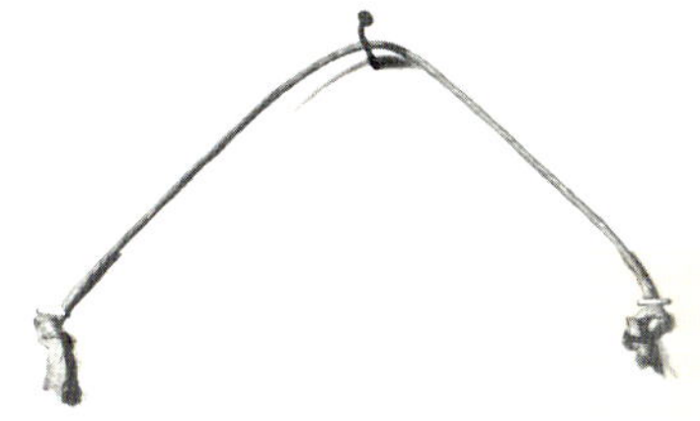

Brain point 소고기의 단백질

단백질이 풍부한 소고기는 두뇌 세포의 성장을 도와주는 아연과, 두뇌에 신선한 산소 공급을 도와주는 철분이 많이 함유되어 있답니다. 이러한 무기질은 몸 안에서 산성 물질로 남아있을 수 있으니 반드시 알칼리성 식품인 채소와 함께 먹는 것이 건강에 더욱 좋아요.

소고기(홍두깨살) 150g, 파프리카 ½개, 당근 ¼개, 팽이버섯 ½팩, 달걀 1개, 찹쌀가루 ½컵, 소금 · 후춧가루 · 식용유 약간씩

소스 설탕 · 식초 · 배즙 2큰술씩, 땅콩버터 1큰술, 잣가루 · 소금 1작은술씩, 간장 약간

cooking point 황백 지단 예쁘게 부치기

흰자에 소금을 약간 넣어 거품이 생기지 않게 저으세요. 소금을 넣으면 지단이 잘 찢어지지 않아요. 달군 팬에 기름을 약간만 두르고 팬을 코팅하듯 키친타월로 살짝 닦습니다. 낮은 온도에서 달걀물을 부어 얇게 지단을 부치는데, 테두리가 떨어지면 젓가락으로 한쪽을 떼어 뒤집으세요.

① 파프리카와 당근은 가늘게 채 썰고, 팽이버섯은 밑동을 잘라 가닥을 나눈다. 달걀은 흰자와 노른자를 나눠 얇게 지단을 부친 뒤 곱게 채 썬다.

② 소고기는 얇게 저며 썰어 소금과 후춧가루로 밑간하고 찹쌀가루를 고루 얇게 뿌린 뒤 달군 팬에 식용유를 약간 두르고 구워낸다.

③ 소고기가 식기 전에 준비한 채소와 버섯, 지단 채를 얹고 고깔 모양으로 돌돌 만다.

④ 분량의 소스 재료를 한데 섞어 소스를 완성하고 ❷의 소고기 채소말이와 곁들여낸다.

재료	열량 Kcal	단백질 g	지질 g	칼슘 mg	비타민B_1 mg
소고기(홍두깨살)	256.5	26.4	15.15	15	0.09
파프리카 ½개	4.08	0.16	0.04	2.4	7.2
당근 ¼개	8.16	0.24	0.04	9.12	0.02
팽이버섯 ½봉	22.4	2.03	0.21	1.4	0.2

퓨전닭고기강정

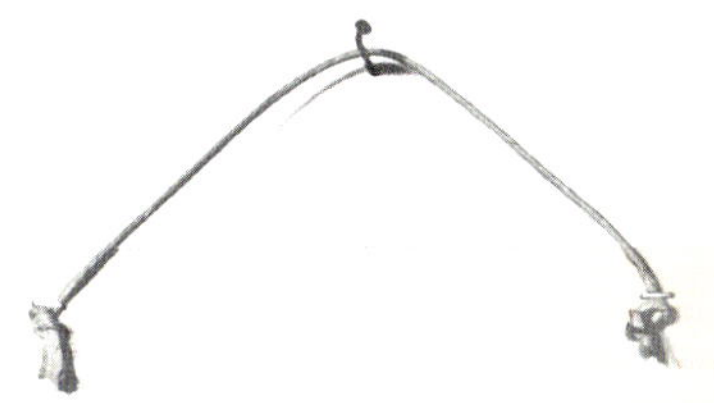

Brain point 닭고기의 단백질

닭고기에는 뇌 세포를 만드는 단백질이 동물성 음식 중 가장 많은 100g에 19.8g이나 들어있습니다. 아이들의 건뇌 보양식으로 좋아요. 또한 닭고기는 육질이 연해 소화가 잘 되므로 아이들이 먹기에도 좋은데, 콜레스테롤이 거의 없는 영계를 먹이는 것이 좋습니다.

닭 가슴살 200g, 소금 1작은술, 땅콩가루 약간, 튀김 기름 적당량

닭고기 밑간 양파즙 · 청주 1큰술씩, 흰 후춧가루 · 생강즙 약간씩

튀김옷 달걀흰자 2개 분량, 튀김가루 6큰술, 녹말가루 3큰술

소스 물엿 5큰술, 토마토케첩 4큰술, 고추장 2큰술, 굴 소스 1큰술, 다진 마늘 · 참기름 1작은술씩

① 닭가슴살은 흐르는 물에 헹구고 먹기 좋게 잘라 분량의 닭고기 밑간 재료에 잠시 재운다.

② 분량의 튀김옷 재료를 섞어 밑간한 닭고기에 튀김옷을 입힌 뒤 180℃의 튀김기름에 살짝 한 번 튀긴 후 바삭하게 한 번 더 튀겨낸다.

③ 팬에 참기름을 제외한 소스 재료를 모두 넣고 은근한 불에서 저어가며 한소끔 바글바글 끓인 뒤 불을 끄고 참기름을 넣어 섞는다.

④ ❸의 팬에 다시 불을 약하게 올리고 튀긴 닭을 넣어 소스가 고루 묻도록 버무린 뒤 접시에 담고 땅콩가루를 뿌린다.

cooking point 신선한 닭고기 고르기

손으로 만져 보았을 때 고기 표면이 촉촉하게 수분을 가지고 있는 것이 좋으며 모이주머니와 항문이 완전히 제거된 것을 고릅니다. 닭고기 살은 도톰하면서 푹신한 느낌을 주는 것이 좋고, 닭 껍질에 윤기가 있고 털구멍이 오톨도톨하게 튀어나온 것이 신선한 닭고기예요.

재료	열량 Kcal	단백질 g	지질 g	칼슘 mg	비타민B_1 mg
닭가슴살 200g	218	46.2	2.4	22	0.14
물엿 5큰술	146.5	0.05	0	0.5	0
케찹 4큰술	46.8	0.68	0.08	6.4	0.05
고추장 2큰술	43.4	1.18	0.48	11	0.04

데리야키닭날개조림

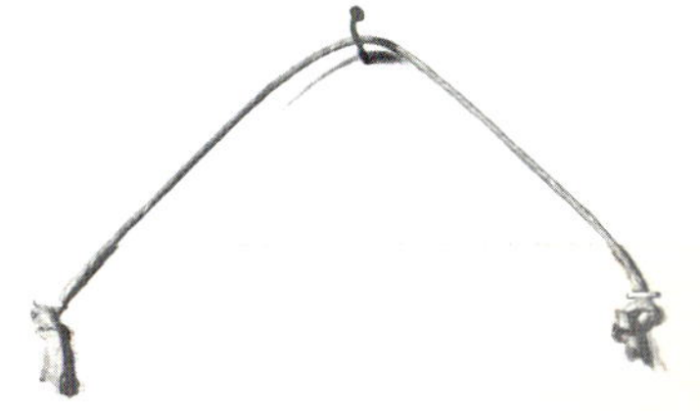

Brain point 닭고기의 필수 지방산

닭고기는 육류 중에서 필수지방산이 가장 많지요. 필수지방산이 16% 이상 된답니다. 단백질 함량이 높을 뿐만 아니라 질이 우수해서 성장기 어린이와 청소년의 성장과 두뇌발달에 도움이 됩니다. 특히 안심에 단백질이 가장 많이 함유되어 있습니다.

재료는요

닭 날개 10개, 우유 1컵, 생강즙 2큰술, 후춧가루 · 식용유 약간

조림 양념 다시마(사방 10cm) 1장, 대파 ¼ 대, 물 2컵, 간장 ⅓ 컵, 설탕 5큰술, 물엿 3큰술, 생강즙 2큰술

cooking point 닭 날개 잘 손질하기

닭 날개 손질을 어려워 엄마들이 많더군요. 먼저 닭 어깨부분 관절 사이에 칼을 넣어 살짝 칼집을 내세요. 관절 부분을 손으로 살짝 꺾으면 가볍게 분리됩니다. 날개의 끝부분은 뼈만 있으므로 잘라버리면 손질이 끝납니다.

① 닭 날개는 흐르는 물에 씻어 볼에 담고 우유와 생강즙, 후춧가루를 넣어 10분 정도 재운다.

② 냄비에 분량의 물을 붓고 다시마와 국물용 멸치, 대파를 넣고 중불에서 10분쯤 끓인 뒤 건더기를 건지고 간장과 설탕을 넣어 국물이 반 정도 줄 때까지 졸인다. 물엿과 청주를 넣고 끈적한 농도가 될 때까지 졸인 다음 식힌다.

③ ❶의 재운 닭날개를 건져 ❷의 조림국물을 반 정도 부어 10분쯤 더 잰다.

④ 냄비에 기름을 약간 두르고 ❸의 닭날개를 그대로 넣은 뒤 나머지 소스를 부어 뒤적이며 윤기 나게 조린다.

재료	열량 Kcal	단백질 g	지질 g	칼슘 mg	비타민B1 mg
닭날개 10개	1,012	74	74.4	56	0.12

돼지고기고추장떡

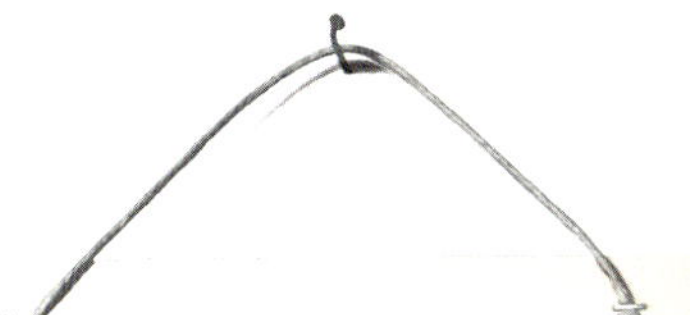

Brain point 돼지고기의 비타민 B_1

돼지고기의 영양소 중 특히 주목해야 할 것은 비타민 B_1입니다. 비타민 B_1은 B_2와 함께 당질의 연소를 도와 뇌가 사용하는 에너지를 생산하는 작용을 하며 각종 뇌 신경계에 영양물질 전달을 위해 반드시 필요한 영양소입니다.

다진 돼지고기 80g, 양파 ¼개, 당근 ⅛개, 실파 1줄기, 마늘 1쪽, 달걀 2개, 밀가루 · 부침가루 · 물 ½컵씩, 고추장 1작은술, 소금 · 후춧가루 · 청주 약간씩, 식용유 적당량

cooking point 신선한 돼지고기 고르기

돼지고기는 연한 분홍색을 띠고 지방의 색이 희고 견고하며 고기의 결이 곱고 눌러봤을 때 탄력이 있는 것이 좋아요. 붉은 색이 진한 것은 늙은 돼지거나 오래 보관된 것일 수 있습니다.

① 돼지고기는 소금과 후춧가루 청주를 넣어 밑간하고 양파와 당근, 실파는 잘게 다지고, 마늘은 곱게 다진다.

② 밀가루와 부침가루를 섞어 체에 내려 볼에 담고 분량의 물과 달걀 1개를 넣어 고루 섞은 다음 고추장을 넣어 잘 푼다.

③ 돼지고기를 제외한 ❶의 채소를 ❷에 넣어 고루 섞는다.

④ 달군 팬에 기름을 두르고 ❸의 반죽을 올려 동그랗게 모양을 잡고 가운데에 돼지고기를 길게 올린 다음 달걀 1개를 풀어 고기 위에 살짝 끼얹은 다음 반죽을 반 접고 고기가 익을 때까지 뒤집어가며 부친다.

재료	열량 Kcal	단백질 g	지질 g	칼슘 mg	비타민B_1 mg
다진 돼지고기 80g	188	13.2	0.24	0.8	0.74
양파 ¼개	28	0.8	0.16	12	0.03
당근 ⅛개	4.08	0.12	0.02	4.56	0.01

돼지고기고구마롤가스

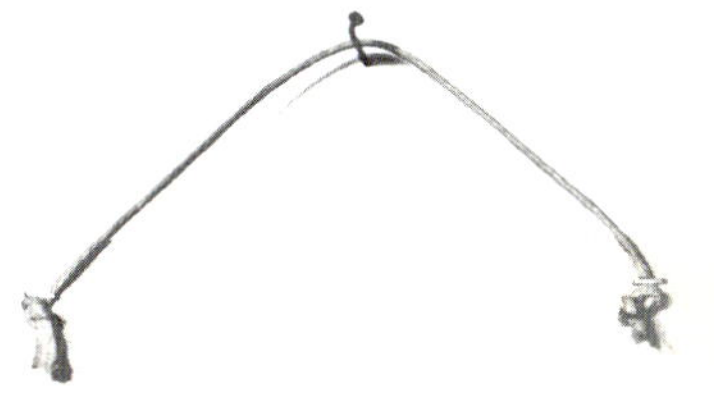

Brain point 돼지고기의 미네랄

돼지고기에 풍부하게 들어있는 인, 칼륨 등의 각종 미네랄은 어린의의 성장발육을 촉진하는 역할을 합니다. 돼지고기는 어린이와 수험생의 영양식으로 매우 좋답니다.

돼지고기(등심) 100g, 고구마 1개, 꿀 ½큰술, 달걀물 1개 분량, 밀가루 · 빵가루 적당량씩, 소금 · 후춧가루 · 청주 약간씩, 식용유 적당량

cooking point 고구마 맛있게 삶기

고구마를 통째로 삶을 때 다시마를 조금 넣으면 다시마 성분이 고구마를 부드럽게 만들어 준답니다. 고구마 속까지 잘 익고 맛도 좋아져요.

① 돼지고기는 넓적한 돈가스용으로 2장 준비해 칼등으로 두드려 연하게 한 뒤 소금과 후춧가루, 청주를 뿌려 밑간한다.

② 고구마는 무르게 푹 찐 뒤 잘 으깨고 꿀을 넣어 섞는다.

③ 돼지고기 위에 고구마를 납작하게 빚어 올린 뒤 다른 돼지고기 1장을 위에 덮는다.

④ ❸에 밀가루, 달걀물, 빵가루 순으로 튀김옷을 입히고 180℃의 기름에 돼지고기가 속까지 잘 익도록 튀겨낸다.

재료	열량 Kcal	단백질 g	지질 g	칼슘 mg	비타민B_1 mg
돼지고기(등심) 100g	225	18.5	16.5	1	0.92
고구마 1개	192	2.1	0.3	36	0.09
꿀 ½큰술	24.96	0	0	0.24	0

돼지고기김치말이

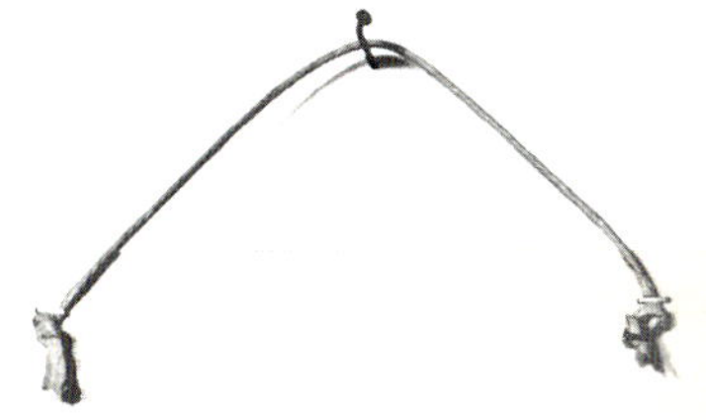

Brain point 돼지고기의 필수 아미노산

돼지고기는 필수아미노산이 풍부한 단백질원일뿐 아니라 비타민 B1, 니아신, 비타민 B12, 철, 아연 등이 풍부합니다. 특히 비타민 B1과 미네랄의 경우 쇠고기에 비해 많아요. 돼지고기의 지방질로 인해 칼로리 섭취가 걱정이 된다면 저칼로리 알칼리성 식품인 김치와 함께 요리하면 좋아요.

재료는요

돼지고기(등심) 100g, 김치 1쪽, 양파 ¼개, 슬라이스 치즈 1장, 청주 · 생강즙 · 소금 · 후춧가루 약간씩, 식용유 적당량

cooking point 김치 맛있게 익히기

김치는 담자마자 바로 냉장고에 넣었다가 2~3일 후에 꺼내어 실온에서 익히면 아주 맛있어집니다. 처음부터 실온에서 익히면 배추에 양념이 배기 전에 김치 국물부터 익어 배추와 국물이 따로 돌아 풋내와 시큼한 맛이 나기 쉬워요.

① 돼지고기는 얇게 저며 썬 뒤 청주와 생강즙, 소금, 후춧가루를 뿌려 재운다.

② 김치는 물에 살짝 헹구고 양념을 털어 채 썰고, 양파와 치즈도 채 썬다.

③ 달군 팬에 기름을 살짝 두르고 양파를 볶아낸 뒤 남은 기름에 김치를 볶아낸다.

④ 밑간한 돼지고기 위에 김치와 양파, 치즈를 얹어 돌돌 만 다음 꼬치를 끼워 고정하고 달군 팬에 굴려가며 노릇하게 굽는다.

재료	열량 Kcal	단백질 g	지질 g	칼슘 mg	비타민B_1 mg
돼지고기(등심) 100g	225	18.5	16.5	1	0.92
김치 1쪽	5.4	0.6	0.15	14.1	0.02
양파 ¼개	28	0.8	0.16	12	0.03

캐릭터떡갈비구이

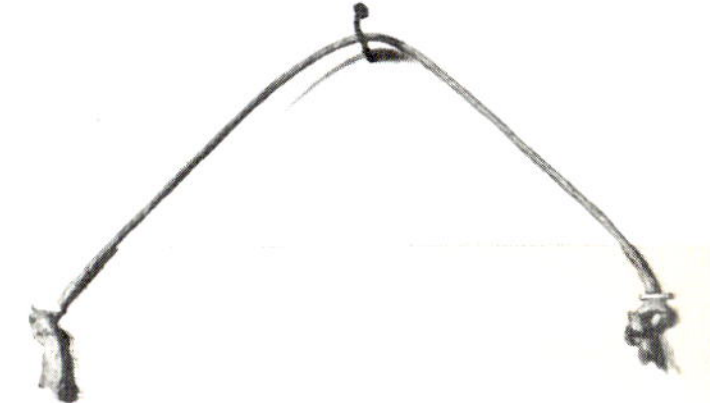

Brain point 소고기의 단백질

소고기는 수분이 65~75%, 단백질이 20%, 무기질이 1%로 구성되어 있습니다. 그중에서도 특히 단백질의 구성단위인 필수아미노산이 풍부하게 들어 있는 좋은 단백질원이에요.
질 좋은 단백질원인 소고기로 아이들을 위한 두뇌 영양밥상을 자주 차려내는 지혜를 발휘하세요.

재료는요

소고기(갈비살) 100g, 방울토마토 2개, 청피망 · 홍피망 ¼개씩, 브로콜리 30g, 양송이버섯 1개, 슬라이스 치즈 · 녹말가루 약간씩, 식용유 적당량

양념 간장 4큰술, 다진 양파 · 청주 · 물엿 · 배즙 2큰술씩, 다진 마늘 · 다진 파 · 설탕 1큰술씩, 참기름 1작은술, 후춧가루 약간

소스 식초 6큰술, 굴 소스 · 설탕 2큰술씩

cooking point 캐릭터떡갈비 맛있게 만들기

소고기는 직접 칼로 다져서 만들면 더욱 맛있는 육질의 맛을 볼 수 있습니다. 양념장에 들어가는 청주는 고기의 누린내와 비린 맛을 제거해주고, 배와 키위 즙은 고기를 부드럽게 하는 연육작용과 과일 자체에서 나는 단맛과 향이 떡갈비의 맛을 한층 좋게 하죠.

① 갈빗살은 곱게 다져 쇠고기 양념을 넣어 고루 섞고 3시간 정도 재운 다음 치댄다. 방울토마토는 반 가르고 피망은 다진다. 브로콜리는 작은 송이로 자르고 버섯은 얇게 저며 썬다.

② 팬에 기름을 약간 두르고 굴소스와 설탕을 넣어 설탕이 녹을 때까지 저으면서 끓인 뒤 볼에 담고 식초를 섞어 소스를 만든다.

③ 팬에 기름을 약간 두르고 양념한 쇠고기를 둥글납작하게 빚어 앞뒤로 노릇하게 굽는다.

④ 접시에 떡갈비를 담고 방울토마토, 브로콜리, 버섯, 치즈로 얼굴 모양을 만든 다음 주위에 피망을 둘러 담는다. 먹을 때는 떡갈비와 피망을 곁들여 먹는다.

재료	열량 Kcal	단백질 g	지질 g	칼슘 mg	비타민B_1 mg
쇠고기(갈빗살) 100g	218	21	14	11	0.07
브로콜리 30g	8.4	1.5	0.09	19.2	0.04
양송이 버섯 1개	1.7	0.39	0.03	0.6	0.01

불고기샐러드

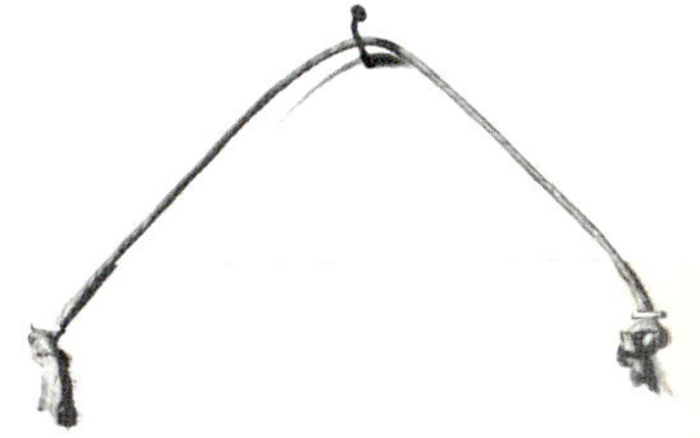

Brain point 살코기의 철분

철분은 우리 몸속 산소의 교통수단으로 활용됩니다. 아이가 살코기를 잘 먹지 않으면 철분이 결핍될 가능성이 높아요. 아이가 눈에 띄게 집중력이 떨어진다거나 공포감을 호소한다면, 철분 결핍을 의심해 볼 수 있습니다. 철분이 결핍되지 않으려면 철분을 다량 함유한 소고기와 함께 철분의 흡수를 돕는 비타민 C가 풍부한 채소를 섭취하면 2배의 효과를 볼 수 있어요.

재료는요

소고기(불고기) 100g, 밤 3개, 청피망 · 홍피망 · 파프리카 ½개씩, 상추 3장, 양상추 이파리 1장, 팽이버섯 ½봉

소고기 양념 물 · 간장 · 물엿 · 배즙 · 청주 2큰술씩, 설탕 · 참기름 ½큰술씩, 생강즙 · 깨소금 1작은술씩, 후춧가루 약간

드레싱 굴 소스 · 레몬즙 · 설탕 · 식초 2큰술씩, 후춧가루 약간

cooking point 양념 고기 더 맛있게 조리하기

고기를 재울 때 양파나 생강, 과일 등을 갈아 넣을 때는 즙만 내서 사용해야 고기를 볶을 때 타지 않아요. 고기를 재울 때 주무르면 고기가 질겨지므로 고기 앞뒤에 양념장을 바르는 것이 좋아요.

① 소고기는 분량의 고기 양념에 버무린 뒤 잠시 재운다.

② 밤은 껍데기를 벗긴 뒤 납작하게 저며 썰고, 피망과 파프리카는 모양틀로 예쁘게 찍는다. 양상추 잎은 먹기 좋게 손으로 뜯어 찬물에 담갔다 물기를 빼고, 팽이버섯은 밑동을 자른 뒤 3cm 길이로 썬다.

③ 달군 팬에 쇠고기를 넣어 볶아내고, ❷의 채소는 한데 담아 분량의 드레싱 재료를 섞어 넣은 뒤 가볍게 섞는다.

④ 접시에 상추를 깔고 샐러드를 올린 뒤 위에 볶은 쇠고기를 소복하게 담아낸다.

재료	열량 Kcal	단백질 g	지질 g	칼슘 mg	비타민B₁ mg
소고기(불고기) 100g	218	21	14	11	0.07
밤 3개	48.6	0.96	0.18	8.4	0.08
팽이버섯 ½봉	22.4	2.03	0.21	1.4	0.2

닭안심튀김

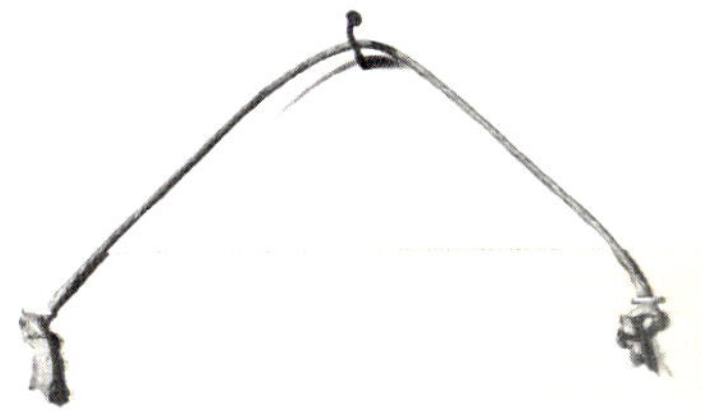

Brain point 닭고기의 필수지방산

닭고기의 필수지방산은 16% 이상으로 육류 중 가장 높아요. 또한 단백질 함량이 높을 뿐 아니라 질이 우수해서 성장기 어린이와 청소년의 성장과 두뇌발달에 도움이 됩니다. 부위별 단백질 함유량은 다리 18.8%, 넓적다리 19.7%, 안심 22.9% 입니다. 안심으로 요리를 자주해 주세요.

닭 안심 150g, 달걀물 2개 분량, 빵가루 4큰술, 밀가루 2큰술, 청주 · 생강즙 · 소금 · 후춧가루 약간씩, 오이 피클 다진 것 1큰술 · 허니머스터드 소스 2큰술씩, 식용유 적당량

cooking point 닭고기 비린내 없애기

닭고기를 양념하기 전에 청주를 뿌려 두면 누린내가 사라지고 육질이 연해집니다. 레몬즙을 듬뿍 뿌려두면 특유의 닭 냄새를 없앨 수 있고 요리의 향미를 돋웁니다. 닭고기에 양파즙을 뿌려두면 누린내가 없어지고 육질이 연해지고 콜레스테롤을 떨어뜨린답니다.

① 닭 안심은 흐르는 물에 한 번 씻고 먹기 좋게 자른 뒤 청주와 생강즙, 소금, 후춧가루를 뿌려 10분 정도 재어둔다.

② ❶의 닭고기에 밀가루, 달걀물, 빵가루 순으로 튀김옷을 입히고 180℃의 기름에 노릇하게 두 번 튀긴다.

③ 다진 오이피클은 머스터드 소스와 잘 섞고 튀긴 닭과 곁들여 낸다.

재료	열량 Kcal	단백질 g	지질 g	칼슘 mg	비타민B_1 mg
닭 안심 150g	163.5	34.65	1.8	16.5	0.11
오이피클 다진 것 1큰술	10.3	0.04	0.03	1.8	0
허니머스터드소스 2큰술	65.9	4.38	3.48	26.29	0

돼지갈비조림

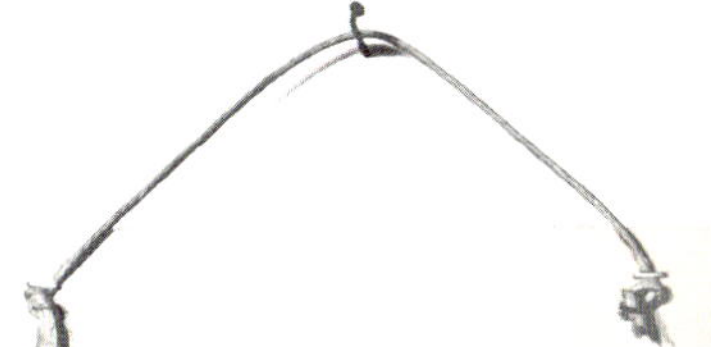

Brain point 돼지고기의 비타민 F

돼지고기는 동맥 내의 콜레스테롤 축적을 막아 혈관을 튼튼하게 하고 각종 성인병을 예방해 줍니다. 또한 비타민 F는 필수지방산으로 뇌 질환을 억제시키고 뇌의 활동을 활발하게 하도록 도와준답니다.

재료는요

돼지갈비 200g, 밤 3개, 당근 ¼개, 단호박 ⅛개, 마늘 3쪽, 된장 · 청주 적당량씩
양념장 물엿 5큰술, 토마토케첩 4큰술, 고추장 2큰술, 굴 소스 1큰술, 다진 마늘 ½큰술, 참기름 약간

cooking point 돼지고기 삶을 때 누린내 없애기

돼지고기를 맛있게 삶으려면 특유의 누린내를 없애는 것이 중요합니다. 돼지고기 삶을 때 된장과 생강을 넣으면 되는데, 된장과 생강은 누린내도 없애고 깊고 구수한 맛을 살려주는 역할도 하지요.

① 돼지갈비는 작게 썰어 준비하고 기름을 떼어낸 뒤 찬물에 반나절 정도 담가 핏물을 뺀다. 중간에 물을 갈아준다.

② ❶의 돼지갈비를 물에 한 번 씻어 냄비에 담고 잠길 정도로 물을 부은 다음 마늘과 된장, 청주를 넣어 한소끔 끓이고 중불에서 부드럽게 삶는다.

③ 밤은 껍데기를 벗겨 4등분 하고, 당근과 단호박은 밤과 같은 비슷한 크기로 자른다.

④ 달군 팬에 기름을 두르고 밤과 당근, 단호박을 볶다가 밤이 반 정도 익으면 ③의 돼지갈비를 건져 팬에 담고 분량의 양념장을 섞어 넣은 뒤 재료를 고루 섞어가며 돼지갈비에 양념이 스며들게 조린다.

재료	열량 Kcal	단백질 g	지질 g	칼슘 mg	비타민B_1 mg
돼지갈비 200g	416	27.8	46	24	1.48
밤 3개	48.6	0.96	0.18	8.4	0.08
당근 ¼개	8.16	0.24	0.04	9.12	0.02

카레소스소고기밀쌈

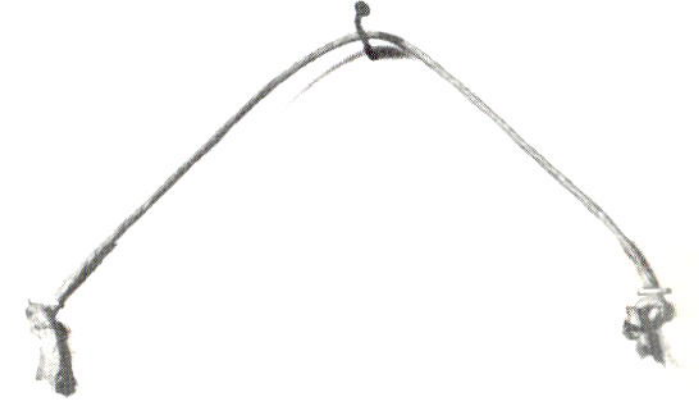

Brain point 카레의 커큐민

카레 속에 들어 있는 노란색 성분인 커큐민은 뇌신경 발달에 작용해 인지능력을 향상시키는 데 도움을 줍니다. 치료라는 뜻을 담고 있는 커큐민은 여러 가지 병에 치유 효과가 있습니다. 또한 수많은 동물실험에서 알츠하이머 환자의 기억력 파괴를 감소시킨 것으로 확인된 바 있습니다

재료는요

소고기 100g, 양배추 20g, 청피망 · 양파 ¼개씩, 당근 ⅛개, 밀가루 1컵, 카레가루 ½큰술, 물 2큰술, 녹말가루 · 달걀흰자 · 소금 · 후춧가루 약간씩, 머스터드소스 · 식용유 적당량씩

cooking point 밀전병 예쁘게 부치기

밀전병 반죽은 물보다 되직하게 하되 국자로 들었을 때 주르륵 흐르는 정도가 좋습니다. 마른 팬에 부치거나 누를 것 같으면 프라이팬에 기름을 살짝 두르고 키친타월로 닦은 후 약한 불에서 부치세요. 뒤집을 때 이수시게를 이용하면 좋아요.

① 소고기는 채 썰어 소금과 후춧가루를 뿌려 밑간하고, 양배추와 피망, 양파, 당근도 채 썬다.

② 달군 팬에 기름을 살짝 두르고 채소를 각각 살짝 볶아낸다. 소고기에 달걀흰자와 녹말가루를 넣어 섞은 뒤 달군 팬에 기름을 살짝 두르고 소고기를 가닥가닥 풀어가며 볶는다.

③ 밀가루와 카레가루를 섞어 고운 체에 내린 뒤 분량의 물과 소금을 섞어 반죽한다.

④ 약한 불에 팬을 올리고 기름을 두르지 않은 채로 ❸의 반죽을 한 수저씩 떠서 지름 5cm 정도로 앞뒤로 노릇하게 부쳐내고 그 위에 쇠고기와 채소를 올려 돌돌 만다. 머스터드소스와 곁들인다.

재료	열량 Kcal	단백질 g	지질 g	칼슘 mg	비타민B_1 mg
소고기 100g	218	21	14	11	0.07
양배추 20g	6.2	0.28	0.04	7.6	0.01
카레가루 ½큰술	28	0.73	1.02	4.55	0.01

소고기채소버섯전골

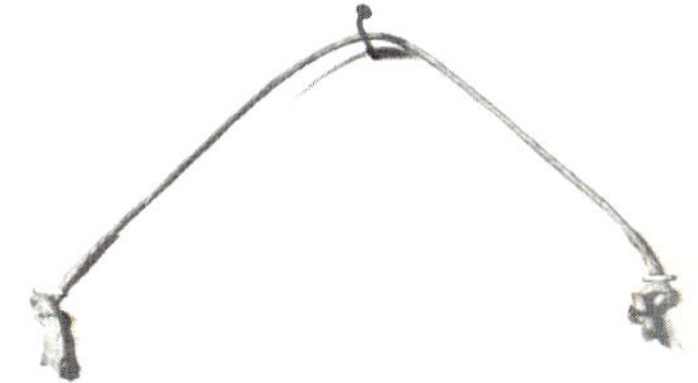

Brain point **버섯의 아미노산**

버섯은 독특한 향기와 맛, 영양가가 높은 식품이지요. 버섯에는 아미노산 · 마니트 · 트레하로오스 등이 많이 들어 있으며 비타민 B_2와 D와 같은 여러 비타민류와 효소도 함유되어 있습니다. 채소 못지않은 알칼리식품으로 인정받습니다.

재료는요

소고기 50g, 양파 · 당근 ¼개씩, 배춧잎 1장, 실파 1줄기, 표고버섯 1개, 느타리버섯 2개, 팽이버섯 ¼봉지, 청주 1큰술, 국간장 ½큰술, 소금 · 후춧가루 조금씩, 다시마 국물 2컵

소고기 양념 간장 · 청주 1½큰술씩, 설탕 ⅔큰술, 다진 파 · 다진 마늘 · 후춧가루 · 깨소금 · 참기름 조금씩

cooking point **좋은 버섯 고르기**

버섯은 표면에 윤기가 흐르고 기둥 길이나 갓이 균일하며 모양이 흐트러지지 않고 두꺼운 것이 좋아요. 만져 보았을 때 탄력이 있고 육질이 단단하며 기둥이 굵고 통통하며 만졌을 때 육질이 단단하고 속이 꽉 찬 것이 좋습니다.

① 소고기는 결 반대로 굵게 채 썰어 분량의 쇠고기 양념에 조물조물 무친다.

② 양파는 굵게 채 썰고, 당근은 납작납작하게 썬다. 배춧잎은 3cm 폭으로 저며 썰고, 실파는 5cm로 길이 썬다. 표고버섯은 저며 썰고, 느타리버섯은 손으로 쭉쭉 찢는다. 팽이버섯은 밑동을 자른 뒤 손으로 뜯는다.

③ 전골냄비에 ❶과 ❷에서 준비한 모든 재료를 넣고 다시마 국물을 부은 뒤 청주를 넣어 끓이다가 재료가 거의 익으면 국간장과 소금, 후춧가루로 간한다. 뜨는 거품은 중간 중간 말끔히 제거한다.

재료	열량 Kcal	단백질 g	지질 g	칼슘 mg	비타민B_1 mg
소고기 50g	109	10.5	7	5.5	0.03
표고버섯 1개	6.6	0.36	0.08	0.6	0.01
느타리버섯 2개	5	0.54	0.04	0.6	0.08
팽이버섯 ½봉	11.2	1.01	0.1	0.7	0.1

두부베이컨말이

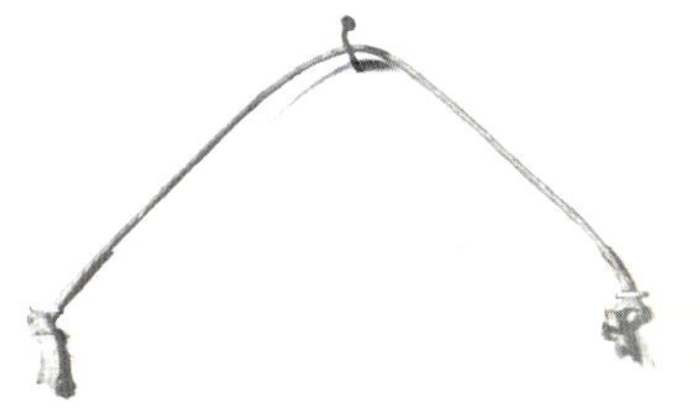

Brain point 두부의 단백질

베이컨은 돼지고기 옆구리 살을 소금에 절이거나, 훈연 처리한 것입니다. 베이컨은 지방 함량이 매우 높은 반면에 영양이 풍부하지 않습니다. 미국식 생 베이컨은 겨우 8.5% 정도의 단백질을 함유하고 있기 때문에 단백질이 풍부한 두부와 함께 섭취하면 영양이 보완되어 훌륭한 음식이 될 수 있답니다.

베이컨 1줄, 두부 ⅛모, 꼬치 적당량

cooking point 베이컨을 구울 때 주의하세요

베이컨을 프라이팬에 굽다 보면 베이컨 속에서 기름이 많이 나옵니다. 수분이 많은 두부와 함께 굽기 때문에 기름이 튈 수도 있으니 두부의 수분을 잘 제거해 주는 것이 좋답니다.

① 베이컨은 4cm 폭으로 자르고 두부는 막대 모양으로 썰어 키친타월로 물기를 없앤다.

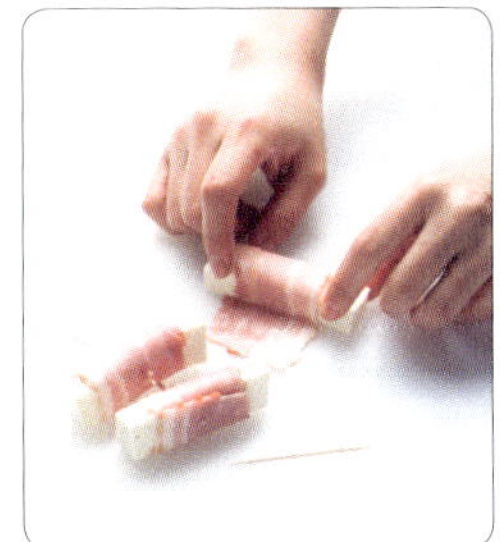

② 베이컨 위에 두부를 올려 돌돌 말고 꼬치로 고정한다.

③ 기름을 두르지 않은 달군 팬에 두부베이컨말이를 올려 노릇하게 굽는다. 기호에 따라 토마토케첩을 곁들인다.

재료	열량 Kcal	단백질 g	지질 g	칼슘 mg	비타민B_1 mg
베이컨 1줄	45	3.02	4.1	1.2	0.1
두부 ⅛모	39.5	0.42	1.7	80	0.03

닭살냉채

열량은 이만큼
132kcal

재료	열량 Kcal	단백질 g	지질 g	칼슘 mg	비타민B_1 mg
닭 가슴살 100g	109	23.1	1.2	11	0.7
오이 ¼개	2.25	0.2	0.03	6.5	0.01
당근 ⅛개	4.08	0.12	0.02	4.56	0.01

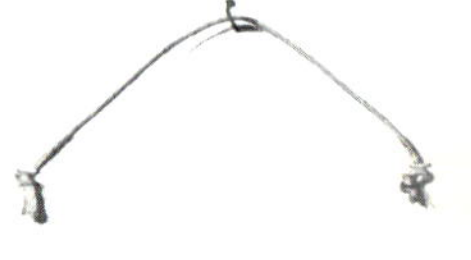

Brain point **닭 가슴살의 단백질**

닭고기의 필수지방산은 16% 이상으로 육류 중 가장 높아요. 또한 단백질 함량이 높고 질이 우수해서 성장기 어린이와 청소년의 성장과 두뇌발달에 도움이 됩니다.

닭 가슴살 100g, 오이 ¼개, 당근 ⅛개, 청주 · 소금 · 후춧가루 약간씩
냉채 소스 식초 · 레몬즙 · 맛술 · 간장 · 마요네즈 1큰술씩, 설탕 1작은술, 연겨자 1작은술

① 닭가슴살은 끓는 물에 청주를 약간 넣어 삶고 식힌 뒤 결대로 찢어 소금과 후춧가루를 살짝 뿌려 간을 한다.
② 오이와 당근은 반 갈라 납작하게 썬다.
③ 분량의 냉채 소스 재료를 섞어 냉채 소스를 완성한다.
④ 닭고기와 채소를 섞어 접시에 고루 담고 냉채 소스를 뿌려낸다.

치즈불닭

재료	열량 Kcal	단백질 g	지질 g	칼슘 mg	비타민B_1 mg
닭다리 300g	343	60.3	11.4	33	0.24
모차렐라치즈 2큰술	86.4	5.8	6.48	155.1	20.1
토마토케첩 1큰술	21.7	0.17	0.02	1.6	0.01

Brain point **닭고기의 단백질**

닭고기는 단백질 함량이 높을 뿐 아니라 질이 좋습니다. 성장기 어린이와 청소년의 성장과 두뇌발달에 도움이 되지요. 필수지방산이 많으므로 자주 식탁에 올리세요.

닭다리 300g, 치킨파우더 1큰술, 고추기름 약간, 모차렐라 치즈 2큰술
불닭 소스 월계수 잎 1장, 다진 양파 · 고추장 · 토마토케첩 · 굴 소스 1큰술씩, 다진 마늘 · 물엿 · 설탕 · 간장 ½큰술씩, 다진 파프리카 1작은술

① 닭다리는 뼈를 발라낸 뒤 한 입 크기로 썰고 치킨파우더를 묻혀 180℃의 기름에 튀겨낸다.
② 팬에 고추기름을 두르고 불닭 소스 재료 중 다진 마늘을 먼저 볶다가 다진 양파, 파프리카, 월계수 잎 순으로 넣어 볶고 나머지 분량의 소스 재료를 넣어 섞는다.
③ ❷에 튀긴 닭살을 넣어 고루 섞으면서 조린다.
④ 그릇에 치즈를 깔고 ❸의 닭을 올린 뒤 치즈를 한 번 더 뿌려 튀긴 닭살의 열기로 치즈가 약간 녹았을 때 상에 낸다.

불고기토르티아피자

재료	열량 Kcal	단백질 g	지질 g	칼슘 mg	비타민B_1 mg
소고기(불고깃감) 200g	436	42	28	22	0.14
양파 ¼개	28	0.8	0.16	12	0.03
당근 ⅛개	4.08	0.12	0.02	4.56	0.01

Brain point **소고기의 단백질**

소고기는 수분이 65~75%, 단백질이 20%, 무기질이 1%로 구성되어 있습니다. 그중에서도 특히 단백질의 구성단위인 필수아미노산이 풍부하게 들어 있는 좋은 단백질원이에요.

소고기(불고기) 200g, 양파 ⅙개, 당근 ⅛개, 대파 20g, 방울토마토 2개, 토르티아 2장, 모차렐라 치즈 50g, 토마토케첩 1큰술, 식용유 적당량

소고기 양념 간장 5큰술, 다진 양파 · 맛술 2큰술씩, 다진 마늘 · 참기름 · 설탕 · 물엿 1큰술씩, 후춧가루 약간

① 분량의 소고기 양념을 섞어 쇠고기에 넣고 양념한다.
② 양파와 당근, 대파는 채 썰고 방울토마토는 4등분 한다.
③ 달군 팬에 기름을 두르고 채 썬 채소를 각각 볶아내고 소고기도 볶아낸다.
④ 토르티아에 치즈를 깔고 볶은 고기와 채소, 방울토마토를 얹고 위에 치즈를 뿌린 뒤 180℃로 예열한 오븐에서 10분간 굽는다.

돼지고기치즈롤

열량은 이만큼
712 kcal

재료	열량 Kcal	단백질 g	지질 g	칼슘 mg	비타민B_1 mg
돼지고기(안심) 200g	450	37	32	2	1.8
시금치 30g	7.1	0.84	0.12	12.9	0.03
모차렐라치즈 70g	201	13.58	15.12	361.9	0.01

Brain point **돼지고기의 비타민 F**

돼지고기는 동맥 내의 콜레스테롤 축적을 막아 혈관을 튼튼하게 하고 각종 성인병을 예방합니다. 또한 비타민 F는 필수지방산으로 뇌 질환을 억제시키고 뇌의 활동을 촉진한답니다.

재료는요

돼지고기(안심) 200g, 시금치 30g, 당근 ¼개, 양파 ½개, 모차렐라 치즈 70g, 소금 약간, 식용유 적당량

돼지고기 양념 다진 양파 2큰술, 참기름 1큰술, 다진 마늘 1작은술, 소금 · 후춧가루 약간씩

① 돼지고기는 안심으로 준비해 얇게 포를 뜨듯 썰고 칼등으로 두드린 뒤 분량의 돼지고기 양념에 버무려 재운다.

② 시금치는 깨끗이 손질해 끓는 물에 데치고 찬물에 헹군 뒤 물기를 꼭 짜서 1cm 길이로 썰고, 양파와 당근은 곱게 채 썰고 달군 팬에 기름을 두르고 시금치와 양파, 당근을 소금으로 간을 해서 각각 볶아낸다.

③ ❶의 돼지고기를 펼쳐 놓고 볶은 채소와 모차렐라 치즈를 얹어 돌돌 말고 180℃로 예열한 오븐에서 15분간 굽는다.

Brain Food

똑똑한 채소 밥상

PART 6

Vegetable food Cooking

채소에는 성장기 아이들에게 필요한 영양소가 많으므로 꼭 챙겨 먹어야 하지요. 채소는 만성 질병의 예방과 치료에 관여하는 비타민과 미네랄 등의 여러 효능이 많습니다. 채소에 많이 들어 있는 비타민 C는 상처 회복, 세포 손상 방지, 면역성 강화, 철분 흡수에 도움을 줍니다. 또 뼈의 성장과 신경 전달에 관여하는 칼슘과 효소의 구성 성분인 마그네슘의 좋은 공급원이기도 하지요.

두부채소볶음

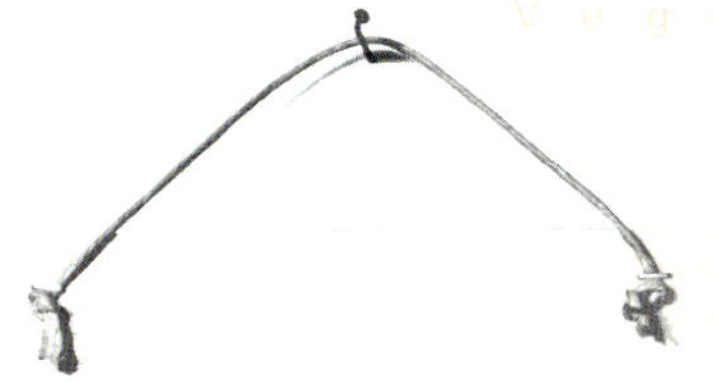

Brain point 두부의 단백질과 지질

밭에서 나는 고기로 불리는 콩. 콩의 단백질은 우유나 달걀의 85~95%에 이르므로 육류나 치즈의 대용품으로 손색이 없습니다. 두부 반모에는 우유 한 잔보다 많은 칼슘이 들어 있지요. 두부에 함유된 레시틴은 뇌의 활성화에 도움을 주어 기억력과 집중력이 떨어질 때 효과가 있습니다.

재료는요

두부 ¼모, 배춧잎 1장, 청피망 · 홍피망 ¼개씩, 대파 ¼대, 표고버섯 1개, 마늘 1쪽, 생강 1톨, 닭육수 ½컵, 청주 · 굴 소스 · 식용유 1큰술씩, 두반장 ½큰술, 간장 1작은술, 참기름 · 녹말물 · 소금 · 후춧가루 약간씩, 식용유 적당량

cooking point 두부 맛있게 굽기

두부는 볶기 전에 한 번 굽는 것이 좋습니다. 두부를 구울 때는 소금을 약간 뿌려 수분을 살짝 뺀 다음 구워야 간이 배고 수분도 빠져 맛있게 구워져요. 두부를 처음부터 볶으면 부서질 수 있으니 마지막에 넣으세요.

① 두부는 1cm 두께의 삼각형으로 썰어 소금을 약간 뿌려 두었다가 키친타월로 살짝 눌러 수분을 제거한 다음 달군 팬에 기름을 두르고 앞뒤로 노릇하게 지져낸다.

② 배춧잎은 흰 줄기 부분만 준비해서 모양틀로 찍어 끓는 물에 살짝 데친다. 피망은 모양틀로 찍고, 대파는 어슷 썬다. 표고버섯은 기둥을 떼어내고 편으로 썬다.

③ 팬에 기름을 두르고 대파를 먼저 볶아 향이 나면 표고버섯과 피망을 넣고, 청주, 두반장, 간장을 넣어 대충 볶는다.

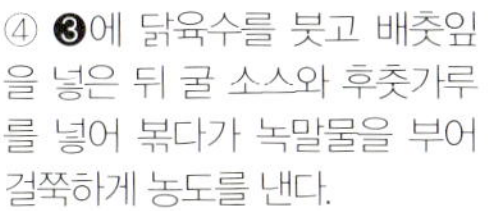

④ ❸에 닭육수를 붓고 배춧잎을 넣은 뒤 굴 소스와 후춧가루를 넣어 볶다가 녹말물을 부어 걸쭉하게 농도를 낸다.

⑤ 구운 두부를 넣고 살짝 버무린 뒤 참기름을 약간 둘러 마무리한다.

재료	열량 Kcal	단백질 g	지질 g	칼슘 mg	비타민C mg
두부 ¼모	79	8.4	3.5	159	0
배춧잎 1장	1.8	0.21	0.02	5.7	4.2
표고버섯 1개	6.6	0.36	0.08	0.6	0.01

모둠버섯케첩탕수

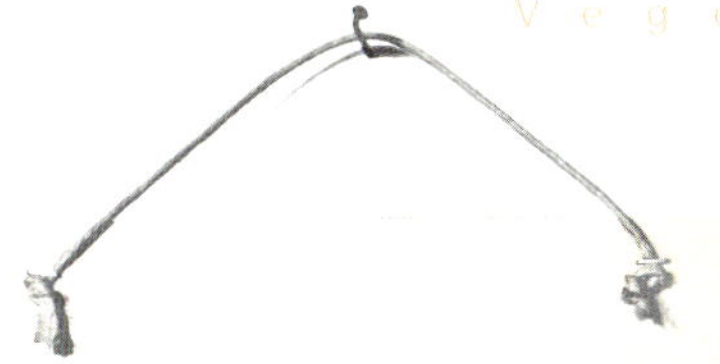

Brain point 버섯의 셀레늄

버섯은 특유의 쫄깃한 식감과 향이 매력인 식품입니다. 다른 식품과 달리 많은 양을 매일 섭취해도 부작용이 없답니다. 활성산소 제거에 기여하는 셀레늄이 풍부해 노화방지 식품으로도 좋고 항암 성분이 들어 있어 암 예방에도 좋습니다.

재료는요

느타리버섯 50g, 표고버섯 2개, 새송이버섯 1개, 파프리카 · 당근 · 오이 · 양파 ¼개씩, 통조림 파인애플 2쪽, 달걀흰자 1개 분량, 녹말가루 2큰술, 참기름 1큰술, 소금 약간, 밀가루 · 식용유 · 물 1큰술씩

소스 다시마 우린 물 2컵, 설탕 5큰술, 통조림 파인애플 국물 4큰술, 토마토케첩 3큰술, 식초 2큰술, 녹말물 2~3큰술, 굴 소스 1큰술, 소금 · 흰 후춧가루 약간씩

cooking point 두부 맛있게 굽기

두부는 볶기 전에 한 번 굽는 것이 좋습니다. 두부를 구울 때는 소금을 약간 뿌려 수분을 살짝 뺀 다음 구워야 간이 배고 수분도 빠져 맛있게 구워져요. 두부를 처음부터 볶으면 부서질 수 있으니 마지막에 넣으세요.

① 느타리버섯은 가닥을 나눈 뒤 큰 것은 먹기 좋게 찢는다. 표고버섯은 갓만, 새송이버섯은 5cm 길이로 저며 썬다.

② 파프리카, 당근, 오이는 모양틀로 찍고, 양파는 네모나게, 파인애플은 양파와 비슷한 크기로 썬다.

③ 버섯은 소금과 참기름에 양념한 뒤 밀가루를 살짝 뿌려 골고루 옷을 입힌다.

④ 달걀흰자에 밀가루 1큰술과 녹말가루를 넣고 물을 부어 걸쭉하게 튀김옷을 만들고, 버섯에 튀김옷을 입혀 기름에 노릇하게 튀긴다.

⑤ 채소는 기름에 살짝 튀긴다.

⑥ 냄비에 녹말물을 제외한 소스 재료를 모두 넣어 한소끔 끓인 뒤 녹말물을 넣어 걸쭉하게 농도를 내고 튀긴 채소와 파인애플을 넣어 섞은 다음 마지막에 버섯 튀김을 넣어 섞는다.

재료	열량 Kcal	단백질 g	지질 g	칼슘 mg	비타민C mg
느타리버섯 50g	12.5	1.35	0.1	1.5	1.5
표고버섯 2개	13.2	0.72	0.16	1.2	0.02
새송이버섯 1개	2.55	0.59	0.05	0.9	0.48

두부당근과자

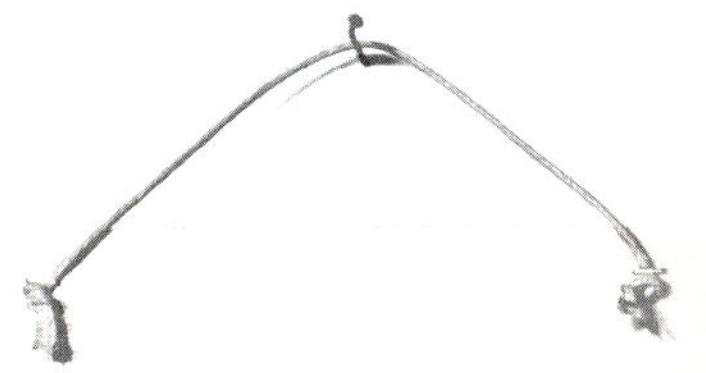

Brain point 당근의 베타카로틴

당근은 채소 중 베타카로틴이 100g 당 7,620ug로 가장 많이 들어있는 식품입니다. 베타카로틴은 몸 안에서 비타민 A로 활성화되어 시력을 보호하고, 면역력을 높이고 치아도 튼튼하게 해주지요. 식이섬유소도 풍부해서 장 건강에도 좋아요.

중력분 100g, 두부 40g, 당근 ⅛개, 달걀 ½개, 설탕 2큰술, 검정깨 1큰술, 생강즙 약간, 튀김 기름 적당량

cooking point 맛있는 두부 스낵 만들기

두부 스낵은 바삭하고 단백합니다. 소금의 짭짤한 맛과 설탕의 달콤한 맛이 잘 어우러져 아이들이 좋아하는 영양 간식입니다. 반죽이 얇고 기름 온도가 높기 때문에 체로 굴려가면서 튀겨야 타지 않아요. 살색이 나면 바로 건지세요.

① 두부는 면보에 싸서 물기를 짜고, 당근은 곱게 다진다.

② 두부에 달걀물을 넣고 고루 섞은 다음 설탕, 소금, 생강즙, 다진 당근을 넣어 섞는다.

③ 밀가루를 고운 체에 내리고 ❷에 넣어 반죽한 다음 위생팩에 넣어 20~30분간 숙성시킨다.

④ ❸의 반죽을 0.1cm 두께로 민 다음 2~3cm 크기의 마름모 모양으로 자르고 200℃의 튀김 기름에 저어가며 1~2분간 빠르게 튀긴다.

⑤ 기호에 따라 소금과 설탕을 1:1로 섞어 두부당근과자에 뿌린다.

재료	열량 Kcal	단백질 g	지질 g	칼슘 mg	비타민C mg
중력분 100g	330	10	1.4	19	0
두부 40g	31.6	3.36	1.4	63.6	0
당근 ⅛개	4.3	0.1	0.03	4.3	0.8

단호박너츠빵

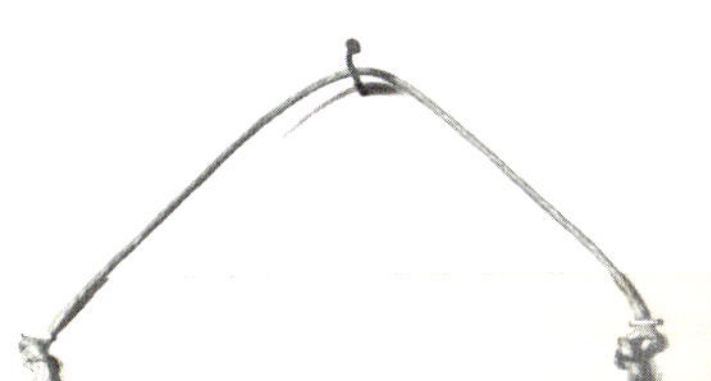

Brain point 호박씨의 아미노산

호박씨에는 뇌 발달에 좋은 영양소인 아미노산과 비타민, 판토텐산 등이 골고루 함유되어 있습니다. 뇌 세포에 추진력과 억제력이 잘 이루어져야 머리가 좋아집니다. 추진력과 억제력의 바탕이 되는 것이 아미노산입니다. 아미노산은 비타민 B_1, B_2와 합해지면 추진력이 생기고, 비타민 B_6, 판토텐산이 합해지면 억제력이 더욱 강해집니다.

재료는요

중력분 150g, 베이킹파우더 10g, 설탕 70g, 소금 5g, 달걀 1개, 우유 40g, 포도씨유 60g, 단호박 ⅛개, 호두 35g, 해바라기씨 30g

cooking point 여러 가지 견과류를 더 넣으세요

호박은 단단해서 너무 두껍게 썰면 잘 익지 않으므로 얇게 써는 것이 좋습니다. 호두, 해바라기씨와 함께 호박씨, 아몬드 등 기호에 따라 다양한 견과류를 넣으면 맛과 영양 모두 두 배로 올릴 수 있습니다.

① 단호박은 씨와 껍질을 제거한 후 다지고, 호두와 해바라기씨는 잘게 자른다.

② 볼에 달걀을 풀고 우유와 포도씨유, 설탕, 소금을 넣어 잘 섞는다.

③ 중력분과 베이킹파우더를 섞어 체에 쳐 ❷에 내린 다음 덩어리지지 않게 잘 섞고 단호박과 호두, 해바라기씨를 넣어 잘 섞는다.

④ 원형틀 1호(지름 10cm)에 유산지를 깔고 ❸의 반죽을 넣어 180℃로 예열한 오븐에서 30~35분 정도 굽는다.

재료	열량 Kcal	단백질 g	지질 g	칼슘 mg	비타민C mg
중력분 150g	495	15	2.1	28.5	0
호두 35g	228.2	5.39	23.35	32.2	0
단호박 ⅛개	11.02	0.65	0.08	8.36	7.22

그린샐러드

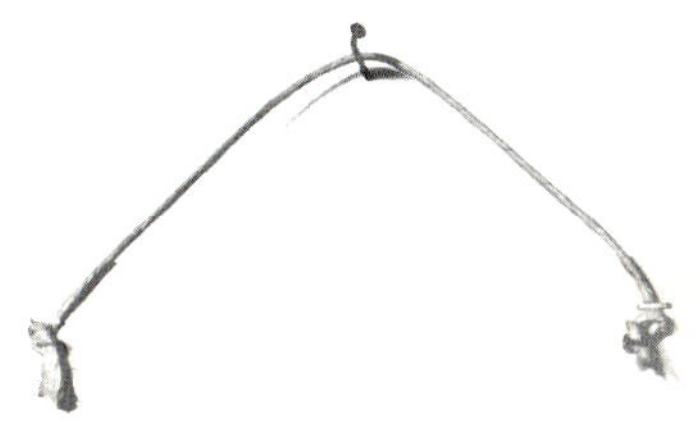

Brain point 채소의 비타민 C

비타민 C는 체내에서 생성되지 않으므로 음식으로 섭취해야 해요. 비타민 C와 같은 수용성 비타민은 조리 과정에서 쉽게 파괴되므로 신선한 상태로 섭취하는 것이 가장 좋은 방법입니다. 아이들에게 채소를 날로 먹이려면 신선한 샐러드에 아이들이 좋아하는 새콤달콤한 맛의 드레싱을 곁들이세요.

재료는요

양상추 잎 2장, 노랑 파프리카 ½개, 당근 ⅛개
드레싱 키위 ½개, 플레인 요플레 ½통, 꿀 약간

cooking point 채소 깨끗이 씻기

감자나 고구마 당근 등 흙 속에서 자라는 채소는 그물형 수세미나 부드러운 솔로 흐르는 물에서 문질러 씻으세요. 상추, 양상추, 깻잎 등의 잎채소는 큼직한 볼에 물을 채워 담그고 물을 틀어 흘려보내면서 흔들어 씻습니다. 포기를 살짝 벌려 씻어야 채소 잎 사이사이에 묻은 농약이나 더러움이 깨끗이 씻긴다.

① 양상추는 적당한 크기로 손으로 뜯어 얼음물에 담가 싱싱하게 두었다가 물기를 턴다.

② 파프리카는 씨를 제거하고, 당근은 얇게 썬 다음, ❶의 양상추와 함께 모양틀로 찍어둔다.

③ 키위는 껍질을 벗겨 믹서에 간 다음 플레인 요구르트와 꿀을 넣어 섞어 드레싱을 만든다.

④ 준비한 채소를 접시에 담고 ❸의 드레싱을 뿌려낸다

재료	열량 Kcal	단백질 g	지질 g	칼슘 mg	비타민C mg
양상추 2잎	2.2	0.18	0.02	6.4	1.4
노랑파프리카 ½개	5	0.25	0.05	2.5	57.7
당근 ⅛개	4.3	0.1	0.03	4.3	0.8

고구마케이크

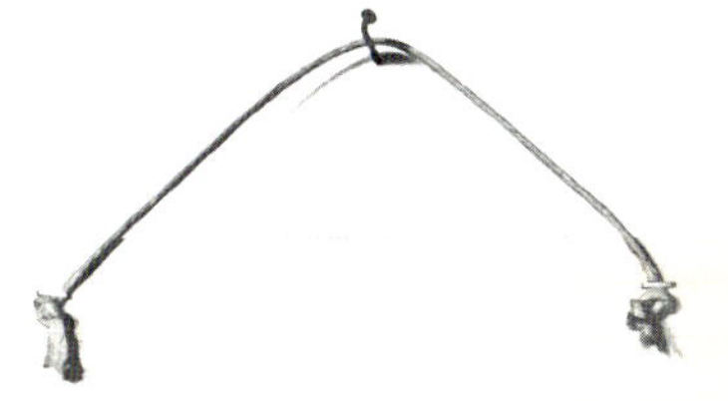

Brain point 고구마의 식이섬유

고구마에 함유된 셀룰로오스와 식이섬유는 배설을 촉진하는 작용을 하므로 잦은 변비로 고생하는 아이들에게 좋습니다. 세라핀이라는 성분은 장을 청소하는 기능이 있어 설사나 만성 소화불량에도 좋아요.

재료는요

1호 케이크틀(지름 10cm) 4개분
호박고구마 1개, 카스텔라 1개(200g), 시럽 · 생크림 · 슬라이스 아몬드 적당량씩
소스 우유 · 생크림 ½컵, 설탕 2큰술, 버터 15g, 꿀 ½큰술

cooking point 좋은 고구마 고르기

고구마는 크기와 모양이 균일하며 껍질의 색이 밝고 선명한 적자색인 것, 표면이 바르고 매끈하며 상처가 없는 것을 고릅니다. 크기가 너무 크거나 작고, 볼품이 없는 것, 벌어졌거나 골이 파인 것, 검은 점이 있거나 무른 부분이 있는 것, 수분 감소로 껍질이 딱딱하거나 쭈글쭈글한 것은 피하는 것이 좋습니다.

① 고구마는 찜통에 무르게 쪄서 껍질을 벗겨 으깬다.

② 소스 재료를 냄비에 모두 넣고 바글바글 끓여 식힌 뒤 고구마에 섞는다.

③ 카스텔라를 3등분으로 슬라이스한 뒤 케이크틀에 카스텔라 1장을 깔고 시럽을 바른 후 ❶의 고구마 ½ 분량을 얹고 다시 카스텔라 1장을 깔고 시럽을 바른 다음 나머지 고구마를 얹어 냉장고에 넣어 차게 둔다.

④ 나머지 카스텔라 1장은 체에 내려 가루로 만들고 생크림은 거품기로 쳐서 거품을 낸다.

⑤ 냉장고에 두었던 고구마케이크를 꺼내 윗부분에 생크림을 바르고 카스텔라 가루를 고루 뿌린 후 슬라이스 아몬드로 장식한다.

재료	열량 Kcal	단백질 g	지질 g	칼슘 mg	비타민C mg
고구마 1개	192	2.1	0.3	36	37.5
카스텔라 1개(200g)	331	12	15	63	0

모둠채소튀김

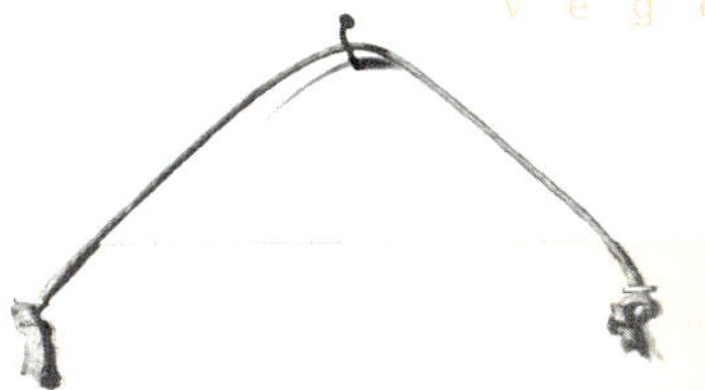

Brain point 채소의 지용성 비타민

채소의 비타민 A, D, E 등 지용성 비타민은 발육을 촉진하고 세균에 대항하는 저항력을 증가시켜줍니다. 이러한 지용성 비타민을 먹을 때는 기름에 조리하면 생으로 먹을 때보다 체내 흡수율이 7배 이상 상승합니다. 조리 시간이 길어지면 비타민 C가 파괴될 수 있기 때문에 최대한 짧은 시간에 조리하는 것이 좋습니다.

재료는요

고구마 1개, 청피망 · 홍피망 ½개씩, 가지 ¼개, 튀김 기름 적당량

튀김옷 박력분 1컵, 튀김가루 ¼컵, 달걀노른자 1개 분량, 얼음물 1¼컵

소스 레몬 1쪽, 가다랭이 국물 · 간장 ½컵씩, 청주 2큰술, 설탕 1작은술

cooking point 바삭한 튀김 만들기

튀김을 바삭하고 맛있게 만들려면 튀김옷을 차갑게 입혀야 한다. 박력분과 튀김가루를 4:1 비율로 섞어 체에 내리고, 체친 가루에 채소를 한번 묻혀 놓고, 달걀노른자 1개와 가루 재료와 동량의 얼음물을 준비해 달걀을 풀고 가루 재료를 반만 넣어 젓가락으로 대충 휘저은 뒤 재료에 튀김옷을 입혀 튀긴다.

① 고구마는 슬라이스해서 모양틀로 찍고, 피망은 씨를 제거한 뒤 모양틀로 찍는다. 가지는 반 갈라 모양틀로 찍는다.

② 튀김옷 재료를 모두 섞어 튀김옷을 만든 뒤 ❶의 채소를 넣어 튀김옷을 입힌다.

③ 180℃의 튀김 기름에 ❷의 채소를 하나씩 떼어 넣고 노릇하게 튀긴다.

④ 냄비에 가다랭이 국물과 간장, 청주를 넣고 바글바글 끓인 뒤 식힌 다음 레몬을 짜 넣고 설탕을 섞어 소스를 만든다.

⑤ 잘 튀겨낸 채소 튀김에 소스를 곁들여 낸다.

재료	열량 Kcal	단백질 g	지질 g	칼슘 mg	비타민C mg
고구마 1개	192	2.1	0.3	36	37.5
청피망 ½개	6	0.33	0.08	2	47.75
가지 ¼개	3.2	0.16	0.02	3.6	0.8

해물콩나물잡채

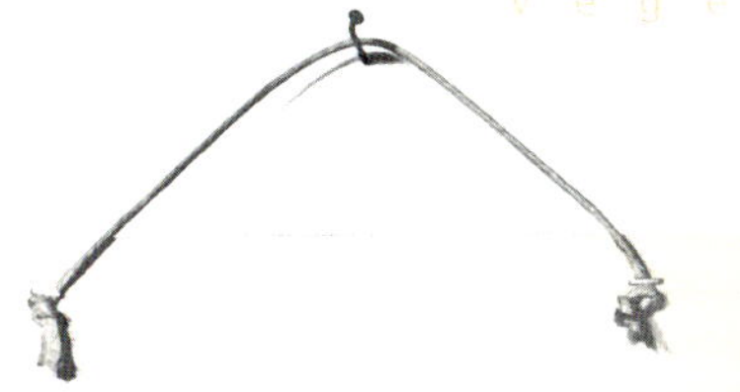

Brain point 콩나물의 사포닌

콩나물은 두뇌를 건강하게 하는 영양 성분이 많아 아이들에게 꼭 먹여야 할 식품입니다. 사포닌, 비타민 A, 비타민 B군, 비타민 C, 아미노산군, 효소군 등의 영양소가 뇌세포에 원활한 산소 공급과 영양 공급을 증대시켜 뇌의 기능을 향상시켜줍니다.

재료는요

콩나물 100g, 주꾸미 1마리, 새우 50g, 양파 · 청피망 ¼개씩, 당근 ⅛개, 소금 · 청주 · 식용유 약간씩

양념장 설탕 2큰술, 간장 1½큰술, 다진 마늘 1큰술, 굴 소스 ½큰술, 후춧가루 · 깨소금 · 참기름 약간씩

cooking point 콩나물 맛있게 데치기

콩나물이 잠길 분량의 물을 팔팔 끓이다가 콩나물을 넣고 소금을 약간 넣은 뒤 뚜껑을 연 채로 데칩니다. 찌개나 국을 끓이는 중간에 콩나물을 넣을 때도 국물이 팔팔 끓은 다음에 넣고 뚜껑을 연 채로 살짝만 익히면 아삭하고 맛있는 콩나물을 먹을 수 있지요.

① 콩나물의 머리와 꼬리를 떼고 끓는 물에 데친 뒤 간장, 설탕, 참기름으로 밑간하고, 나머지 채소는 채 썬다. 주꾸미와 새우는 깨끗이 손질한 뒤 소금과 청주를 넣고 데쳐낸다.

② 분량의 양념장 재료를 섞어 양념장을 만든다.

③ 팬에 기름을 두르고 양파를 볶다가 청피망, 당근 순으로 볶아낸다.

④ ❸의 팬에 해물과 양념장 2큰술을 넣고 센불에서 볶다가 해물이 거의 익으면 콩나물을 넣고 한소끔 볶은 뒤 나머지 양념장을 넣고 재료가 고루 섞이도록 재빨리 볶아낸다.

재료	열량 Kcal	단백질 g	지질 g	칼슘 mg	비타민C mg
콩나물 100g	30	5	1.4	31	8
주꾸미 1마리	31.8	6.9	0.34	10.8	0
새우 50g	47	10.05	0.45	38	0.5

닭고기콩나물찜

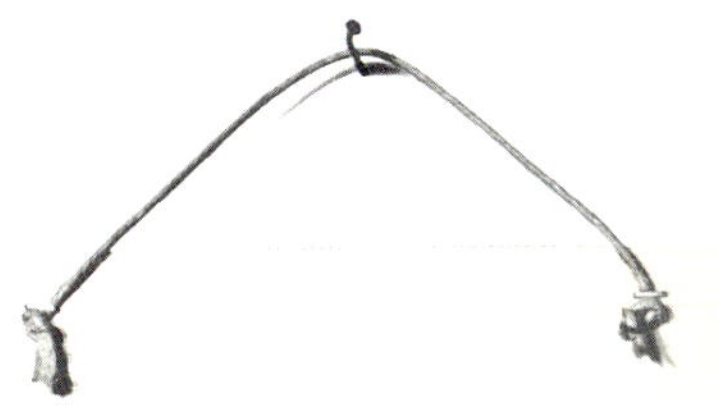

Brain point 콩나물의 섬유소

콩나물에 들어있는 섬유소나 비타민 등은 장의 숙변을 완화시키고 장을 튼튼하게 유지하는데 도움을 준답니다. 아삭한 콩나물은 변비가 있는 아이들에게 좋아요.

① 냄비에 물을 넉넉히 붓고 마늘과 맛술을 넣고 끓어오르면, 닭 가슴살을 넣어 살짝 데친 뒤 먹기 좋게 찢고 소금과 후춧가루를 뿌려 밑간을 한다.

② 콩나물은 끓는 물에 소금을 약간 넣고 살짝 데쳐서 바로 찬물에 헹궈 물기를 뺀다. 미나리는 잎을 떼고 손질해 4㎝ 길이로 썰고, 대파는 어슷썬다.

닭 가슴살 100g, 콩나물 50g, 미나리 1줄기, 대파 1대, 마늘 1쪽, 맛술 1큰술, 다진 마늘 1작은술, 소금, 후춧가루 조금씩, 참기름 1작은술, 두반장 1큰술, 통깨 · 녹말물 약간씩

cooking point 싱싱한 콩나물 고르기

콩나물은 줄기가 통통하면서도 무르지 않은 것을 선택한다. 검은 점이 있거나 물렁물렁하고 냄새가 나는 것은 변질된 것이니 피한다.

③ 팬에 닭 가슴살을 볶다가 두반장과 다진 마늘을 넣고, 닭 가슴살이 거의 익으면 콩나물, 미나리, 대파를 넣고 녹말물로 농도를 맞춘 뒤 마지막에 참기름과 통깨를 뿌려 마무리 한다.

재료	열량 Kcal	단백질 g	지질 g	칼슘 mg	비타민C mg
닭가슴살 100g	109	23.1	1.2	11	1
콩나물 50g	15	2.5	0.7	15.5	4
미나리 1줄기	2.4	0.23	0.02	3.6	1.5

채소메밀비빔면

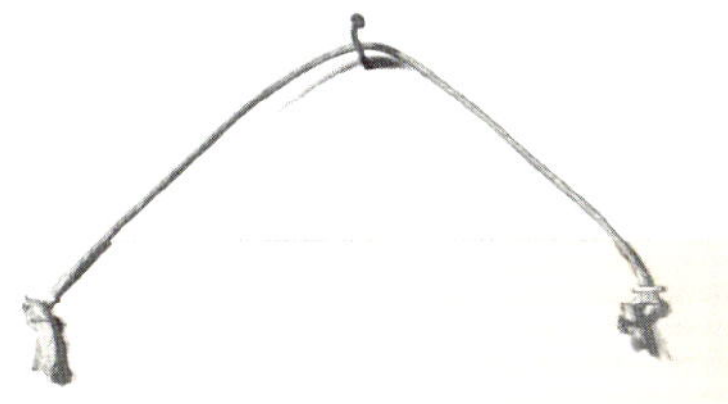

Brain point **메밀의 필수아미노산**

메밀은 다른 곡류에 비해 아미노산이 풍부해요. 특히 필수아미노산인 트립토판, 트레오닌, 라이신 등이 많습니다. 따라서 메밀은 단백질 함량이 높고, 비타민 B_1, B_2는 쌀의 3.2배 가량 많고 비타민 D, 인산 등도 많이 함유되어 있는 좋은 식품입니다.

메밀국수 100g, 양배추 · 적채 20g씩, 오이 ¼개, 당근 ⅛개, 땅콩가루 1작은술
비빔장 고추장 · 사이다 · 식초 1큰술씩, 설탕 ½큰술, 다진 마늘 ½작은술, 참기름 약간

cooking point 메밀가루 반죽하기

메밀가루는 끈기와 탄력이 부족해 잘 뭉쳐지지 않고 쉽게 풀어지므로 녹말가루나 달걀흰자를 조금 섞어 반죽해야 잘 뭉쳐진다.

① 준비한 모든 채소는 깨끗이 손질해서 곱게 채 썰고, 분량의 비빔장 재료는 한데 섞는다.

② 메밀국수는 끓는 물에 쫄깃하게 삶아 찬물에 헹구어 체에 밭쳐 물기를 뺀다.

③ 메밀국수에 준비한 채소를 넣고 비빔장을 넣어 무친 뒤 땅콩가루를 뿌린다.

재료	열량 Kcal	단백질 g	지질 g	칼슘 mg	비타민C mg
메밀국수 100g	288	10.2	1.5	169	0
양배추 20g	6.2	0.28	0.04	7.6	5.8
오이 ¼개	4.5	0.4	0.05	10	5

콩국물시금치파스타

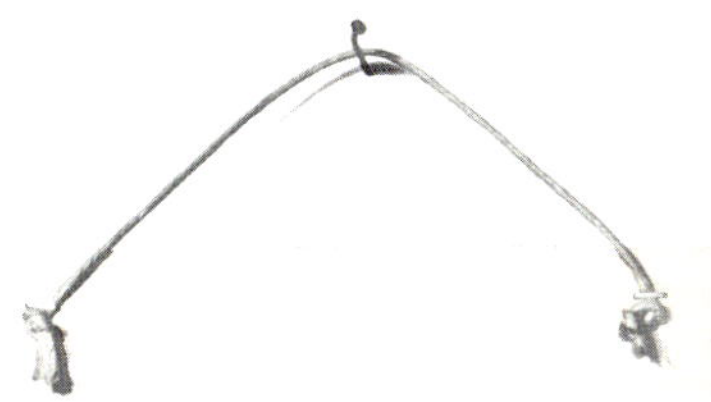

Brain point 콩의 레시틴

밭에서 나는 소고기라 불리는 콩은 양질의 식물성 단백질이 들어있는 훌륭한 식품입니다. 아이의 대뇌 활동이 활발할수록 아세틸콜린 소비가 많아집니다. 많은 영양을 지니고 있는 콩에 있는 '레시틴'에는 뇌 속의 아세틸콜린의 감소를 막는 데 매우 효과적이랍니다.

재료는요

시금치 파스타면 50g, 흰 콩 30g, 소금 조금, 장식용 방울토마토 ¼개, 오이 ⅛개

cooking point 콩 국물 잘 끓이기

콩국용 콩을 삶을 때는 부르르 끓어넘치면 불을 꺼야 해요. 너무 익으면 콩국이 구수하지 않고 텁텁해집니다. 콩 삶은 물은 콩을 갈 때 사용하세요. 참깨나 호두, 땅콩을 같이 넣고 갈면 고소하답니다.

① 불린 콩은 무르게 삶아 껍질을 벗겨 물 1½컵과 함께 믹서에 간다.

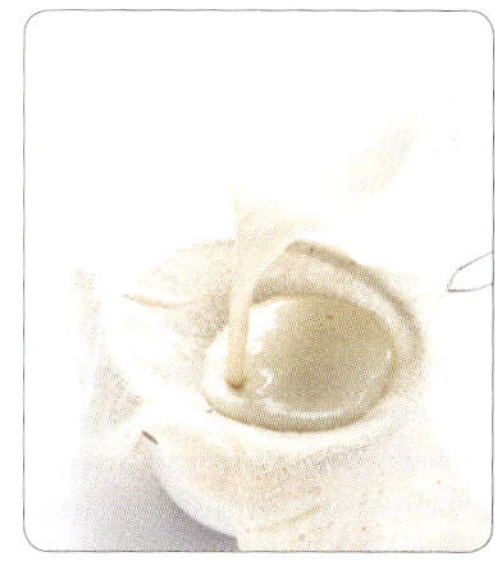

② 체에 젖은 면 보자기를 깔고 ❶을 부어 거른 후 냉장고에 보관한다.

③ 냄비에 물을 넉넉히 부어 끓으면, 소금 조금과 파스타면을 넣어 삶는다. 약 10분쯤 삶아 찬물에 헹궈 물기를 빼고 먹기 좋게 자른다.

④ 그릇에 파스타면을 담고 ❷의 콩국물에 소금간을 한 후 부어낸다. 마지막에 반으로 자른 방울토마토와 채 썬 오이를 올려준다.

재료	열량 Kcal	단백질 g	지질 g	칼슘 mg	비타민C mg
시금치파스타면 100g	144.2	5.7	1	10.5	0.02
흰 콩 30g	120	10.86	5.34	73.5	0
오이 ⅛개	2.25	0.2	0.03	5	2.5

당근설기

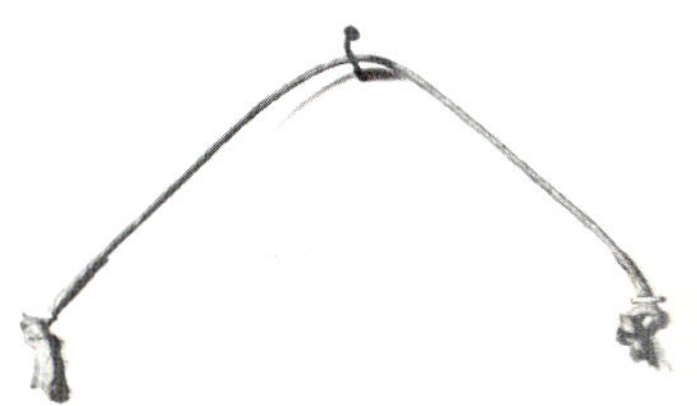

Brain point 당근의 베타카로틴

당근의 주황색 속에 들어있는 성분은 베타카로틴으로 채소 중에서 가장 많은 양을 함유하고 있습니다. 당근의 영어 이름인 캐롯(Carrot)도 카로틴(Carotene)이라는 이름에서 유래된 것이랍니다. 카로틴은 뻑뻑한 눈의 피로를 풀어주며 시력회복에 효과가 있어 책과 컴퓨터를 많이 보는 아이들에게 좋은 식품이랍니다.

재료는요

멥쌀가루 6컵, 당근즙 3큰술, 당근 ¼개, 해바라기씨 · 호박씨 ½큰술씩, 설탕 3큰술

cooking point 설기용 쌀 잘불리기

설기를 만들 쌀은 잘 씻어서 소쿠리에 건져놓고 여름에는 1시간, 겨울에는 2시간 정도 불리면 됩니다. 쓰고 남은 쌀가루는 밀봉을 잘해 냉동실에 넣어서 보관하면 언제든지 편리하게 사용할 수 있답니다.

① 멥쌀가루는 체에 내려 당근즙과 설탕을 넣고 고루 섞는다.

② 잘 섞인 ❶의 가루를 고운 체에 한 번 더 내린다.

③ 잘게 다진 당근과 해바라기씨, 호박씨를 ❷의 가루에 넣고 고루 섞어 틀에 꼭꼭 눌러 담는다.

④ 찜기에 김이 오르면 면보를 깔고 20분 정도 찐 다음 한김 나간 뒤 담아낸다.

재료	열량 Kcal	단백질 g	지질 g	칼슘 mg	비타민C mg
멥쌀가루 3컵	1,092	19.5	3.9	12	0
당근 ¼개	8.6	0.2	0.06	8.6	0.16
해바라기씨 ½큰술	44	3.8	3.7	5.3	0

해물채소누룽지탕

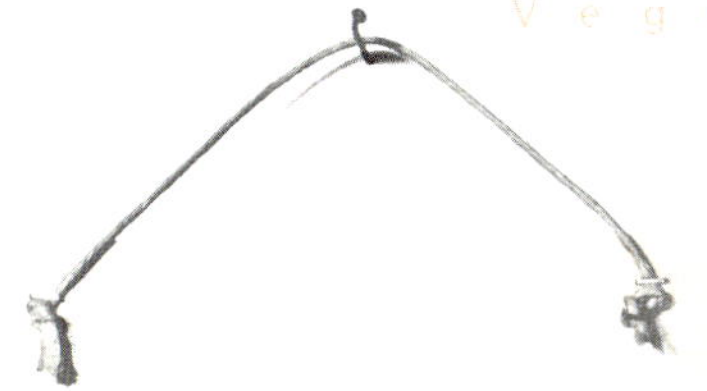

Brain point 오징어의 단백질

오징어의 단백질은 열을 가하면 즉시 오그라지는 특징이 있답니다. 오징어는 그밖에 인, 비타민 B_1, B_2가 들어 있는데 소고기보다 더 많은 양이 들어있지요. 풍부한 단백질과 칼슘 등 인체에 필요한 영양가가 많은 오징어를 아이들에게 자주 먹여야 합니다.

찹쌀 누룽지 말린 것 100g, 오징어 ½마리, 칵테일 새우 5마리, 양파 ¼개, 당근 ⅛개, 표고 2장, 청피망 · 홍피망 ¼개씩, 다진 파, 다진 마늘, 다진 생강

양념 닭 육수 3컵, 굴 소스 ½큰술, 간장 ½큰술, 청주 1큰술, 녹말가루 1큰술, 소금 · 참기름 · 식용유 적당량, 녹말물 1큰술

cooking point 닭 육수 만들기

닭 육수를 만들 때는 닭뼈를 찬물에 깨끗이 씻어 1시간 정도 담가두어 핏물을 제거한 다음 끓인 후 면보를 받쳐서 깨끗한 국물을 걸러냅니다. 통후추, 양파, 샐러리, 마늘, 월계수, 정향을 넣고 다시 끓여줍니다. 한번 만든 육수는 냉장고에 넣어서 사용 시에는 일주일을 넘기지 않는 것이 좋아요.

① 오징어는 몸통 부분만 손질하고 새우살도 손질하여 잘게 다진다.

② 표고버섯은 갓만 저며 잘게 다지고 피망은 씨를 털고 양파, 당근과 함께 잘게 썬다.

③ 볼에 ❶과❷, 달걀노른자, 녹말가루를 모두 넣어 반죽한 후 완자 모양으로 빚는다.

④ 냄비에 식용유를 두르고 어슷썬 대파와 마늘, 생강을 넣고 볶다가 닭 육수를 붓고 완자를 넣고 굴 소스, 간장, 청주를 넣어 끓인다.

⑤ ❹에 녹말물을 넣어 걸쭉하게 농도를 맞춘 후 참기름을 넣고 잘게 자른 누룽지를 올려준다.

재료	열량 Kcal	단백질 g	지질 g	칼슘 mg	비타민C mg
찹쌀누룽지 말린것 100g	112	1.6	0.14	1.4	0
오징어 ½마리	132	25.5	2.25	16.5	0
칵테일 새우 5마리	28.2	6.03	0.27	23.1	0.3

채소롤피자

열량은 이만큼
255kcal

Brain point **당근의 베타카로틴**

당근은 채소 중에서 가장 많은 베타카로틴을 함유하고 있습니다. 카로틴은 뻑뻑한 눈의 피로를 풀어주어 시력회복에 효과가 있지요.

당근 ⅛개, 피망 ¼개, 양파 ⅛개, 피자 소스 1큰술, 피자 치즈 ⅓컵, 또띠아 1장

① 준비한 채소는 모두 곱게 채 썬 뒤 달군 팬에 기름을 둘러 볶은 다음 또띠아에 피자 소스를 고르게 펴 바른다.
② ❶에 볶은 채소를 올리고 피자 치즈를 뿌린 뒤 돌돌 만다.
③ 200℃로 예열한 오븐에 넣고 피자 치즈가 녹도록 5분 정도 구워내고 먹기 좋게 자른다.

재료	열량 Kcal	단백질 g	지질 g	칼슘 mg	비타민C mg
당근 ⅛개	4.3	0.1	0.03	4.3	0.8
피망 ¼개	3	0.16	0.04	1	43.87
양파 ⅛개	12.95	0.37	0.07	5.55	2.96

채소달걀샌드위치

열량은 이만큼
315kcal

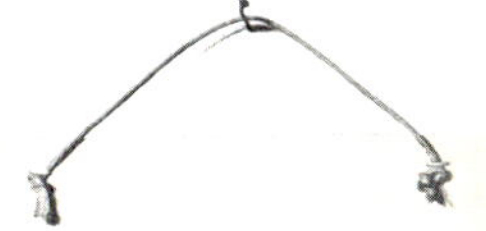

Brain point **채소의 비타민**

당근, 양파, 피망 등에 들어있는 비타민은 항산화작용을 하므로 활동량이 많은 아이들을 더 건강하게 키우는데 도움이 됩니다.

식빵 2장, 달걀 1개, 당근 ⅛개, 피망 ¼개, 양파 ⅛개, 토마토케첩 1큰술

① 달군 팬에 식빵을 얹고 약한 불에서 앞뒤로 노릇하게 굽고 채소는 모두 잘게 다진다.
② 볼에 달걀을 잘 풀고 ❶의 채소를 넣어 섞은 다음, 달군 팬에 기름을 두르고 노릇하게 굽는다.
④ 식빵 1장 위에 ❷를 올리고 토마토케첩을 뿌린 다음 다른 식빵 1장을 덮는다.

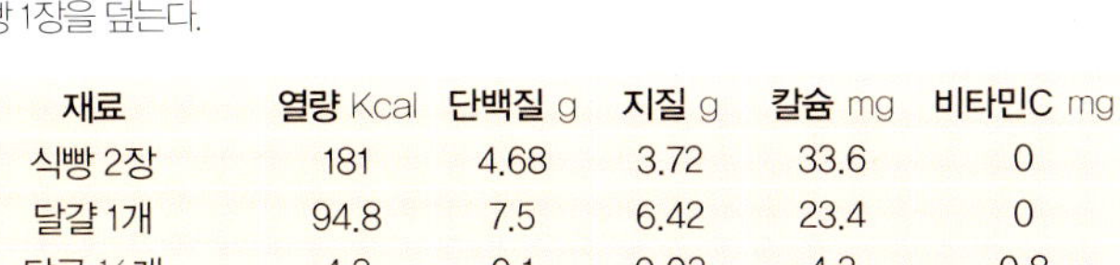

재료	열량 Kcal	단백질 g	지질 g	칼슘 mg	비타민C mg
식빵 2장	181	4.68	3.72	33.6	0
달걀 1개	94.8	7.5	6.42	23.4	0
당근 ⅛개	4.3	0.1	0.03	4.3	0.8

웨지감자구이

열량은 이만큼
178kcal

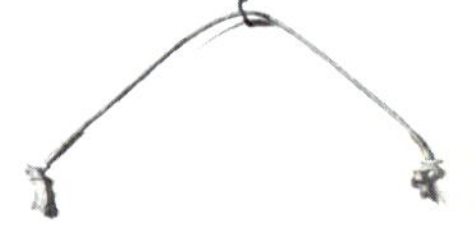

Brain point 감자의 비타민

감자에 들어 있는 비타민 C는 다른 야채처럼 열을 가해도 파괴되지 않는다고 합니다. 식이섬유가 많이 함유되어 있어서 장을 튼튼하게 해 주지요.

재료는요

감자(큰 것) 1개, 소금 · 올리브유 · 파슬리 가루 약간씩.

① 감자는 세로로 6등분 한 다음 찬물에 담가 녹말기를 빼고 끓는 물에 살짝 데친 다음 물기를 뺀다.
② 삶은 감자에 올리브유를 바르고 소금을 살짝 뿌려 180℃로 예열한 오븐에서 15~20분 정도 굽는다.

재료	열량 Kcal	단백질 g	지질 g	칼슘 mg	비타민C mg
감자 1개	82.5	3.75	0.15	9	31.5

감자미니핫도그

열량은 이만큼
303 kcal

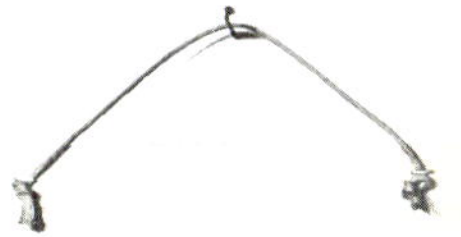

Brain point **감자의 비타민**

감자는 아무리 먹어도 좋은 식이섬유가 듬뿍 들어있지요. 예부터 장수식품으로 널리 인기가 많은 식품이지요. 비타민 C도 식이섬유가 풍부합니다.

감자(큰 것) 1개, 당근 ⅛개, 피망 ¼개, 비엔나소시지 4개, 밀가루 1큰술, 달걀 ½개, 빵가루 1큰술, 튀김기름 적당량, 꼬치

① 감자는 껍질을 벗겨 포슬하게 삶은 뒤 으깬다.
② 당근과 피망은 잘게 다져 으깬 감자와 섞는다.
③ 비엔나소시지는 끓는 물에 살짝 데쳐 식힌 다음 밀가루를 묻히고 겉에 ❷를 꼭꼭 눌러 뭉친다.
⑤ ❹를 달걀물에 적시고 빵가루를 묻혀 180℃의 튀김기름에 노릇하게 튀긴 다음 꼬치를 꽂는다.

재료	열량 Kcal	단백질 g	지질 g	칼슘 mg	비타민C mg
감자 1개	110	5	0.2	12	42
당근 ⅛개	4.3	0.1	0.03	4.3	0.8
피망 ¼개	3	0.16	0.04	1	43.87

김치달걀말이

열량은 이만큼
221 kcal

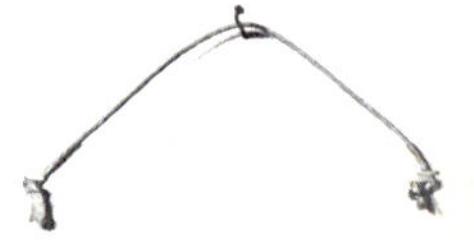

Brain point 김치의 유산균

우리 고유의 먹거리, 한류 식품의 대명사 김치에는 풍부한 유산균과 젖산균, 섬유소가 풍부합니다. 장속의 유해균의 작용을 억제하는 효과도 있답니다.

김치 30g, 당근 ⅛개, 피망 ¼개, 양파 ⅛개, 달걀 1개, 포도씨유 적당량

① 김치는 국물을 꼭 짠 뒤 잘게 썰고 채소는 모두 잘게 다진다.
② 팬에 포도씨유를 두르고 김치와 채소를 볶는다.
③ 달걀을 잘 풀어 포도씨유를 두른 달군 팬에 얹어 도톰하고 노릇하게 부친다.
④ 달걀지단 위에 볶은 김치와 채소를 얹어 돌돌 만다.

재료	열량 Kcal	단백질 g	지질 g	칼슘 mg	비타민C mg
배추김치 30g	3.24	0.6	0.15	14.1	4.2
당근 ⅛개	4.3	0.1	0.03	4.3	0.8
피망 ¼개	3	0.16	0.04	1	43.87

채소호떡

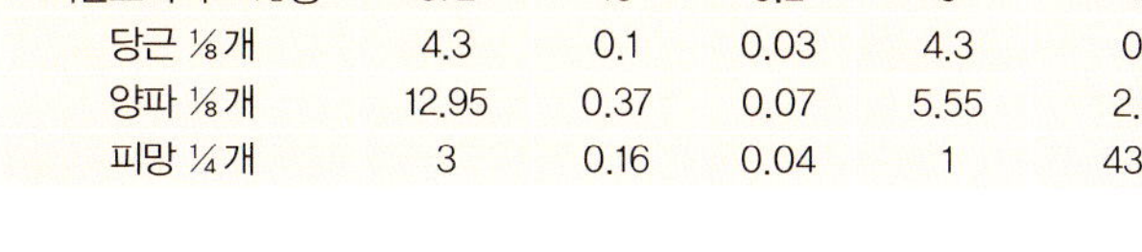

재료	열량 Kcal	단백질 g	지질 g	칼슘 mg	비타민C mg
시판호떡믹스 ½봉	672	16	9.2	0	0
당근 ⅛개	4.3	0.1	0.03	4.3	0.8
양파 ⅛개	12.95	0.37	0.07	5.55	2.96
피망 ¼개	3	0.16	0.04	1	43.87

열량은 이만큼
445kcal

Brain point **채소의 비타민**

당근, 양파, 피망 등에 들어있는 비타민은 항산화작용을 하므로 활동량 많은 아이들을 더 건강하게 키우는데 도움이 됩니다.

시판 호떡 믹스 ½봉지, 이스트 ½봉지, 당근 ⅛개, 양파⅛개, 피망 ¼개, 양배추 20g, 슬라이스 치즈 2장, 소금 · 참기름 · 깨소금 약간, 식용유 적당량

① 종이컵에 찬물 ⅔와 뜨거운 물 ⅓을 넣어 섞고 이스트를 넣어 고루 섞는다.
② 호떡 믹스에 ❶의 이스트 섞은 물을 넣어 반죽이 찰지도록 5분 정도 반죽한 뒤 반죽이 2배로 부풀 때까지 약 2시간 정도 발효시킨다.
③ 채소는 모두 채 썬 다음 기름을 두른 달군 팬에 볶고 슬라이스 치즈를 잘게 다져 넣어 섞는다.
④ 손에 식용유를 바른 뒤 ❷의 반죽을 떼어 넓게 펴고 ❸을 넣어 잘 오므린다.
⑤ 달군 프라이팬에 기름을 두르고 반죽의 오므린 부분이 아래로 가게 얹은 뒤 살짝 눌러 노릇하게 굽는다.

심리놀이

놀이 시간 60분 대상 5~9세

예쁜 내 얼굴 꾸미기

놀이 목표는요…

감자를 으깨고 채소로 얼굴을 꾸미면서 소근육 운동과 자신의 감정을 표현하도록 합니다.

준비물은요…

감자, 마요네즈, 올리고당, 각종 채소류, 접시, 비닐팩

이렇게 놀아주세요 50분

1. 우리 얼굴에는 어떤 표정이 있을까 표정 놀이를 해본다.
2. 내 얼굴은 어떻게 생겼나 거울을 보면서 관찰한다.
3. 재료를 이용해서 자기 자신의 얼굴을 꾸미기
   ❶ 감자 껍질을 제거한다.
   ❷ 비닐 속에 감자를 넣고 손을 이용해서 으깨준다.
   ❸ 으깬 감자를 접시에 펼쳐서 손으로 눌러서 평평하게 만든다.
   ❹ 준비한 채소를 이용하여 얼굴을 꾸며본다.
4. 자신의 어떤 얼굴을 표현한 것인지 이야기한다.

더 놀아주세요 10분

친구와 마주보고 서로의 얼굴을 그려준다.

Play Tip

감자를 삶을 때는 물에 담가 삶는 것 보다 증기로 찌거나 오븐에 구워서 사용하는 것이 감자가 무르지 않아서 만들기가 좋습니다.

공작놀이

놀이 시간 90분 대상 8~10세

바게트 자동차

 놀이 목표는요…

아이들이 좋아하는 자동차를 바게트를 이용하여 가족들과 여행을 떠나는 상상을 하면서 가족 사랑에 대한 마음을 키울 수 있고, 창의력을 키워줄 수 있습니다.

준비물은요…

바게트, 감자, 오이, 당근, 옥수수, 마요네즈, 올리고당, 이쑤시게, 양면 색종이, 색연필

이렇게 놀아주세요 

1. 수업 재료에 대하여 탐색하고 이야기해본다.
2. 자동차의 종류에 대하여 이야기해본다.
3. 어떤 자동차를 좋아하며, 타본 경험에 대하여 이야기해본다.
4. 바게트 자동차 만들기
   ❶ 감자를 삶아서 껍질을 제거한다.
   ❷ 비닐 팩에 감자를 넣고 으깨고, 마요네즈, 올리고당을 넣고 섞어준다.
   ❸ 바게트 중앙을 파서 감자 샐러드를 넣어준다.
   ❹ 남은 오이 당근으로 자동차를 꾸며준다.
   ❺ 색종이를 잘라서 이름표를 만들고 나만의 자동차 이름을 만들어 차에 꽂아 완성한다.

더 놀아주세요 

하늘을 나는 바다 속을 달리는 자동차가 있다면 어떤 곳에 가고 싶은지 이야기하고 그려본다.

캔에 들어 있는 옥수수는 찬물에 헹궈서 사용하면 제조 과정에서 들어간 첨가물을 제거할 수 있습니다.

미술놀이

놀이 시간 90분 **대상** 7~9세

칙칙폭폭! 김밥 기차

놀이 목표는요…

아이들이 좋아하는 꼬마김밥을 이용하여 여행을 떠나는 상상을 하면서 창의력을 키울 수 있습니다.

준비물은요…

밥, 김, 햄, 맛살, 오이, 당근, 계란, 단무지, 방울토마토, 버섯, 새싹채소, 무순, 참기름, 깨, 소금

이렇게 놀아주세요 

1. 수업 재료에 대하여 탐색하고 이야기해본다.
2. 김밥을 언제 먹어봤는지에 대하여 이야기해본다.
3. 김밥의 종류에는 어떤 것이 있는지 이야기해본다.
4. 김밥 만들기
   ❶ 밥에 참기름, 깨, 소금을 넣고 잘 비벼준다.
   ❷ 김밥용 김을 4등분으로 잘라준다.
   ❸ 재료를 김의 크기에 맞추어 먹기 좋게 잘라준다.
   ❹ 김에 밥을 편 다음 재료를 올리고 말아준다.
   ❺ 김밥을 자르고 붙여서 곁들이 채소로 꾸며준다.

더 놀아주세요 

1. 기차를 타고 어떤 곳에 여행을 가고 싶은지 이야기하고 그려본다.
2. 하늘을 나는 바닷속을 달리는 기차가 있다면 어떤 곳에 가고 싶은지 이야기하고 그려본다.

Play Tip 김밥을 자를 때는 칼에 물을 바른 후 자르면 칼에 밥알이 묻지 않아 좋습니다.

채소 & 과일 잔류농약 제거하기

날로 먹어야 하는 과일과 채소를 먹을 때는 식품에 남아있을 잔류 농약이 걱정이 될 때가 많다. 과일이나 채소는 흐르는 물에서 여러 번 깨끗이 씻은 후 양조식초와 볶은 소금을 탄 물에 10분 정도 담갔다가 3~4회 헹구어 내면 농약을 최대한 없앨 수 있다. 채소를 씻을 때 처음부터 소금물에 씻으면 삼투압 작용으로 농약이 야채 속으로 침투할 경우가 있으므로, 먼저 흐르는 물에 씻은 후 소금물에 씻는 것이 좋다.

포도처럼 속까지 씻어야 하는 과일 씻기
포도는 흐르는 물에 흔들어 씻어도 포도알 사이 사이에 낀 유해물질까지 제거하기 어렵다. 밀가루나 베이킹소다를 포도에 뿌려 흐르는 물에 씻어내면 밀가루의 가루 성분이 흡착력이 강해 과일에 묻었다가 떨어지면서 농약 등 오염물질까지 씻어낼 수 있다.

사과, 배 등 껍질을 벗겨 먹는 과일 씻기
껍질을 벗겨먹는 과일은 식초를 물과 1대10의 비율로 섞어 그 물에 과일을 20~30분간 담가 두었다가 흐르는 물에 씻는다. 식초에 들어 있는 산(酸)이 용해도가 좋아 물에 잘 씻겨 나가게 하므로 잔여 성분이 남지 않아 안전하다.

상추, 파 같은 채소 씻기
흐르는 물에 여러 차례 깨끗하게 씻어도 되지만, 찜찜한 경우 채소 전용 세제를 섞은 물에 2~3분 정도 담근 뒤 흐르는 물에 30초 이상 씻는다. 채소를 깨끗이 씻은 후 참숯 1~2개를 띄운 물에 10분 정도 담갔다가 건져도 된다.

Brain Food
똑똑한 해산물 밥상

PART 7

Sea food Cooking

생선에는 인체 구성 성분에서 가장 중요한
양질의 단백질이 풍부하지요.
두뇌발달과 치매에 좋은 DHA가 풍부해
아이들의 브레인 밥상으로 참 좋습니다.
칼슘, 인 등의 무기질과 타우린이 풍부하게 들어 있어
강장 효과가 크고 간장의 기능을 강화시키지요.

새우살샐러드

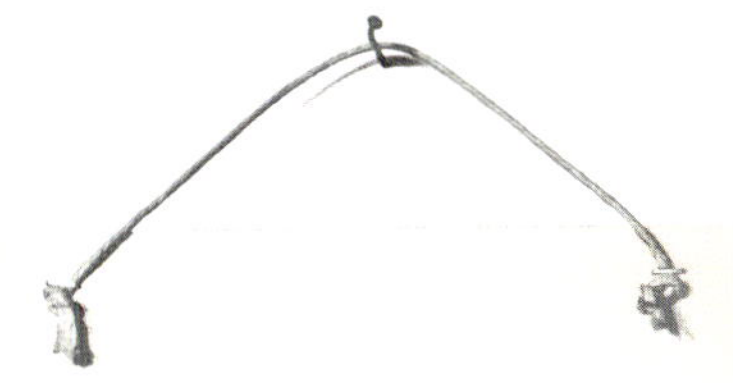

Brain point 새우의 단백질

새우살은 단백질의 보고입니다. 단백질은 비타민과 함께 섭취하면 뇌의 추진력을 도와주므로 조개와 새우를 함께 넣어 요리하면 좋습니다. 뇌가 활발하게 움직이는 상승효과를 기대할 수 있습니다.

재료는요

조개 5개, 칵테일 새우 30g, 청피망 · 파프리카(빨강, 노랑, 주황) ¼개씩, 통조림 파인애플 1쪽, 달걀흰자 1개 분량, 청주 1큰술, 녹말가루 ½큰술, 소금 약간, 식용유 적당량
튀김옷 녹말가루 · 밀가루 6큰술씩, 달걀흰자 1개 분량
소스 마요네즈 · 플레인 요구르트 2큰술씩, 설탕 · 우유 ½큰술씩

cooking point 바삭한 튀김 만들기

튀김을 바삭하게 만들려면 튀김옷이 중요해요. 달걀흰자를 거품기로 쳐서 충분히 거품을 내고 밀가루와 녹말가루를 1:1로 섞어 체에 내린 뒤 달걀흰자 거품에 넣고 대충 섞어 튀김옷을 만드세요.

① 끓는 물에 소금과 청주를 넣고 조개와 칵테일 새우를 넣어 조개의 입이 벌어질 때까지 데친 뒤 살을 발라낸다.

② 조갯살과 새우를 곱게 다지고 달걀흰자와 녹말가루를 넣어 반죽한 뒤 한 입 크기로 둥글게 빚는다.

③ 튀김옷 재료의 달걀흰자는 곱게 거품을 내고 녹말가루와 밀가루는 체에 내려 달걀흰자 거품에 넣고 대충 섞어 튀김옷을 만든다. ❶의 완자에 튀김옷을 가볍게 입히고 180℃의 기름에 노릇하게 튀긴다.

④ 피망과 파프리카는 각각 모양틀로 찍어내고 파인애플은 8등분 한다.

⑤ 분량의 소스 재료를 섞어 소스 재료를 완성한다.

⑥ 접시에 ❸의 튀김과 피망, 파프리카, 파인애플을 보기 좋게 담고 소스를 곁들여낸다.

재료	열량 Kcal	단백질 g	지질 g	칼슘 mg	칼륨 mg
조개 5개	34.2	6.45	0.57	9.6	57
칵테일새우 30g	28.2	6.03	0.27	23.1	72
청피망 ¼개	2.04	0.08	0.02	1.2	25.2

대구완자맑은탕

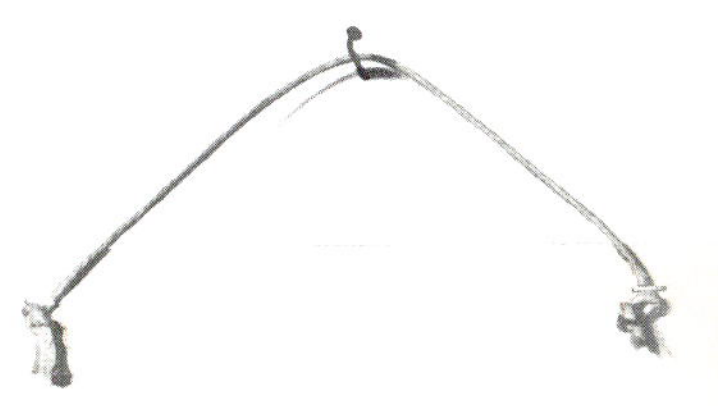

Brain point 대구의 비타민 B군

대구는 등 푸른 생선에 비해 지방이 적어서 생선을 좋아하지 않는 아이들도 잘 먹습니다. 단백질, 칼슘, 인, 철, 비타민 B_1, 비타민 B_2 등을 함유하고 있는데 특히 비타민 B군을 많이 함유하고 있어서 소화촉진은 물론, 뇌의 에너지 공급에 도움을 주어 집중력과 기억력 향상에 좋습니다.

재료는요

대구 ½마리, 두부 ¼모, 팽이버섯 ½봉지, 콩나물 30g, 무 ¼개, 미나리 1대, 호박 ¼개, 달걀흰자 1개 분량, 청주 ½큰술, 소금 · 녹말가루 · 소금 · 후춧가루 약간씩

국물 물 7컵, 다시마(10cm) 2장, 가다랭이포 30g

cooking point 가다랭이 국물 내기

젖은 면보로 다시마의 표면을 닦고 한소끔 끓인 뒤 바로 건져냅니다. 오래 끓이면 떫은맛이 우러나거든요. 가다랭이포를 넣고 바로 불을 끈 뒤 떠오르는 거품을 제거한다. 5분 후 가다랭이포가 가라앉으면 면보나 고운 체에 국물을 걸러내세요.

① 대구는 살을 발라서 다지고, 두부는 면보에 싸서 물기를 꼭 짠다.

② ❶의 대구와 두부를 볼에 담고 청주, 소금, 후춧가루로 밑간한 뒤 달걀흰자와 녹말가루를 넣어 잘 치댄 다음 동그랗게 빚는다.

③ 팽이버섯은 밑동을 잘라 가닥을 나누고 콩나물은 씻어서 꼬리만 뗀다. 무는 4등분 해서 납작하게 썰고, 미나리는 5cm 길이로 자른다. 호박은 은행잎 모양으로 납작하게 썬다.

④ 분량의 물에 다시마를 넣어 10분 정도 끓인 뒤 가다랭이포를 넣고 바로 불을 끈다. 5분 정도 가다랭이포를 우려내고 고운 체에 걸러 국물만 받는다.

⑤ 국물을 냄비에 붓고 무를 넣어 끓이다가 무가 익으면 ❸의 완자와 콩나물을 넣는다.

⑥ 완자가 떠오르면 미나리와 호박을 넣고 한소끔 끓인 뒤 팽이버섯을 넣고 불을 끈다.

재료	열량 Kcal	단백질 g	지질 g	칼슘 mg	칼륨 mg
대구 ½마리	180	37	2.2	34	662
두부 ¼모	79	8.4	3.5	159	1
팽이버섯 ½봉	24	2.18	6.23	1.5	172.5

낙지채소볶음

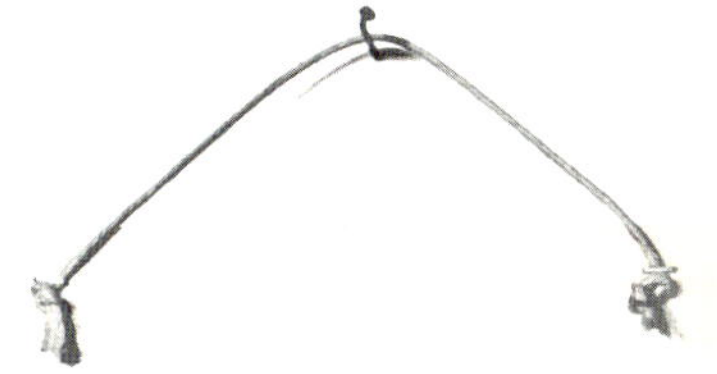

Brain point 낙지의 아세틸콜린

낙지는 신경을 안정시키는 아세틸콜린을 비롯해 각종 무기질, 양질의 단백질이 많이 함유된 영양가 풍부한 식품 중 하나입니다. 특히 뇌 기능을 돕는 DHA 성분이 풍부해 수험생과 태아에게 좋아요.

낙지 1마리, 양파 · 당근 · 피망 · 파프리카 ¼개씩, 마른 표고버섯 1개, 소금 · 청주 약간씩, 식용유 적당량

볶음 양념 청주 2큰술, 간 양파 · 간장 1큰술씩, 굴 소스 ½큰술, 소금 ¼큰술, 다진 마늘 · 설탕 1작은술씩

cooking point 낙지 깨끗이 손질하기

낙지는 다리의 빨판에 갯벌의 검은 진흙이 많이 묻어 있으므로 깨끗이 손질해야 합니다. 굵은소금이나 밀가루로 손질하면 깨끗해집니다. 낙지 1~2마리 정도에 굵은소금이나 밀가루를 1큰술 정도 넣은 다음 바락바락 주무르세요. 낙지 빨판이 뽀얗게 되면 흐르는 물에 서너 번 헹구어냅니다.

① 낙지는 내장을 제거하고 소금으로 문질러서 깨끗이 씻은 다음 끓는 물에 소금과 청주를 넣어 살짝 데치고 먹기 좋게 자른다.

② 양파는 한 입 크기로 네모나게 썰고, 당근과 피망, 파프리카는 모양틀로 찍는다. 마른 표고버섯은 미지근한 물에 불린 뒤 물기를 꼭 짜고 어슷 썬다.

③ 분량의 볶은 양념 재료를 잘 섞는다.

④ 달군 팬에 기름을 약간 두르고 채소와 버섯을 볶다가 볶음 양념을 넣어 볶는다.

⑤ 채소가 반쯤 익으면 준비한 낙지를 넣고 센 불에서 재빨리 볶아낸다.

재료	열량 Kcal	단백질 g	지질 g	칼슘 mg	칼륨 mg
낙지 1마리	132.5	27.75	1.25	45	442.5
양파 ¼개	28	0.8	0.16	12	112.8
당근 ¼개	17	0.5	0.1	19	181

해물우동자장볶음

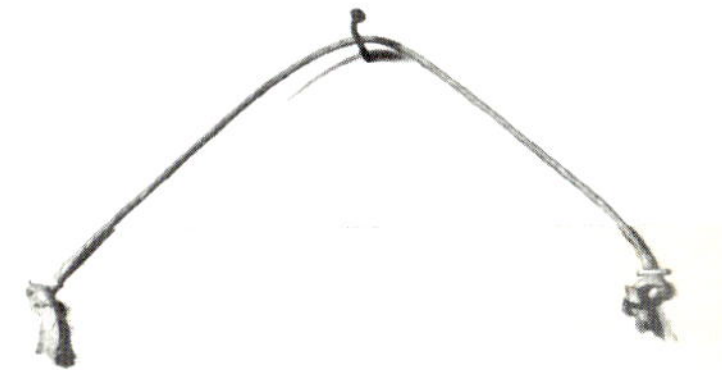

Brain point 오징어의 단백질

오징어는 단백질이 풍부합니다. 지방 성분이 적으며 단백질의 순도가 높아 근육을 튼튼하게 하므로 자라는 아이들에게 특히 좋습니다. 또한 뇌세포의 성분을 이루는 DHA도 풍부합니다. 하지만 인산 함량이 많은 강한 산성식품이므로 채소와 함께 먹는 것이 좋습니다.

우동 면 1봉지, 오징어 ½마리, 홍합살 10개, 양배추 50g, 당근 · 양파 ¼개씩, 소금 · 참기름 약간씩, 녹말물 · 식용유 적당량
자장 소스 해물 국물 1컵, 춘장 · 식용유 3큰술씩, 청주 · 설탕 2큰술씩, 굴소스 · 간장 ½큰술씩

cooking point 맛있는 자장 소스 만들기

자장 소스를 맛있게 만드려면 춘장을 잘 볶는 것입니다. 식용유와 춘장을 1:1 비율로 준비한 다음 뜨겁게 달군 팬에 기름을 먼저 두른 뒤 춘장을 넣고 약한 불에서 5분 정도 볶습니다. 춘장이 부드럽게 졸아 들면서 기름과 분리됩니다. 이때 기름은 딸아내고 춘장만 따로 이용하면 됩니다. .

① 끓는 물에 우동 면을 넣고 면이 가닥가닥 풀어질 정도로 삶은 뒤 체에 밭쳐 물기를 뺀다.

② 오징어는 껍질을 벗기고 칼집을 내서 끓는 물에 삶아 먹기 좋게 썰고, 홍합살도 끓는 소금물에 살짝 데친다. 채소는 모두 채 썬다.

③ 달군 팬에 자장 소스 재료 중 식용유와 춘장을 볶다가 분리된 기름은 딸아내고, 간장과 청주, 굴 소스, 설탕을 넣어 섞고 해물 국물을 넣어 반 정도 줄도록 끓인다.

④ 팬에 기름을 두르고 채소를 볶다가 해물을 넣어 살짝 볶고 우동과 자장 소스를 넣어 볶는다. 해물이 익으면 녹말물을 넣어 농도를 맞추고 마지막에 참기름을 넣어 섞는다.

재료	열량 Kcal	단백질 g	지질 g	칼슘 mg	칼륨 mg
우동면 1봉지	200	0	0	0	0
오징어 ½마리	130.5	27.3	1.5	25.5	498
홍합살 10개	73	10.2	1.7	58	205

생선살가지깐풍기

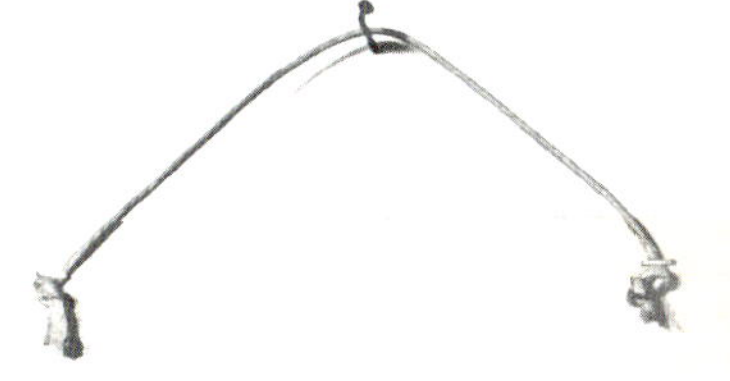

Brain point 가지의 무기질

가지는 주성분이 당질이고 그 외 철분, 칼슘 등의 무기질과 비타민 A, B_1, B_2, C 등이 소량으로 함유되어 있어요. 영양가는 높지 않은 편이지만 가지의 조직이 스펀지처럼 기름을 잘 흡수하므로 식물성 기름을 써서 요리하면 불포화지방산과 비타민 E를 많이 섭취할 수 있답니다.

재료는요

가지 ½개, 대구살 100g, 파프리카 ⅛개, 당근 ⅛개, 달걀물 1개 분량, 녹말가루 4큰술, 다진 마늘 1작은술, 참기름 · 생강즙 · 소금 · 후춧가루 약간씩, 식용유 적당량

소스 설탕 3큰술, 식초 2큰술, 간장 1큰술

cooking point 가지 아린 맛 제거하기

가지를 잘라 소금을 뿌린 후 무거운 돌 등을 올린 후 30분 정도 두면 가지의 아린 맛을 빼낼 수 있어요.

① 가지는 모양틀에 찍고 소금에 살짝 뿌려 절였다가 물기를 짜고 참기름에 버무린다. 파프리카와 당근은 곱게 다진다.

② 대구살은 곱게 다져 생강즙, 소금, 후춧가루로 밑간하고 녹말가루 ½큰술을 넣어 반죽한 뒤 한 입 크기로 동글납작하게 빚고 가지를 붙인다.

③ ❷의 반죽을 녹말가루와 달걀물 순으로 튀김옷을 입힌 뒤 170℃의 기름에 노릇하게 튀겨 낸다.

④ 팬에 식용유를 두르고 다진 마늘을 볶다가 당근과 파프리카를 볶고 간장, 식초, 설탕을 넣어 잠시 끓이다가 ❸을 넣어 잘 버무린다.

재료	열량 Kcal	단백질 g	지질 g	칼슘 mg	칼륨 mg
가지 ½개	6.4	0.32	0.04	7.2	84
대구살 100g	90	18.5	1.1	17	331
파프리카 ½개	5	0.25	0.05	2.5	52.5

양배추생선가스

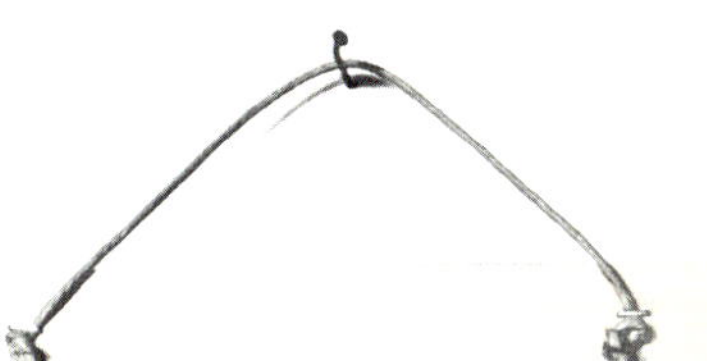

Brain point 양배추의 필수아미노산

양배추에는 비타민 A, C, K, U, 칼슘, 칼륨, 식이섬유, 성장에 필요한 필수아미노산 등이 함유되어 있어요. 양배추의 이온과 염소는 강력한 정화작용을 하여 체내 노폐물을 분해하므로 장과 피부가 깨끗해지고 피를 맑게 해줍니다. 또한 비타민 U는 세포를 튼튼하게 하며, 원기를 돋우고, 뼈를 강하게 하여 성장 발육이 왕성한 아이들에게 좋은 식품입니다.

재료는요

대구살 80g, 양배추 20g, 양파 ¼개, 당근 ⅛개, 소금 · 후춧가루 · 버터 약간씩, 밀가루 · 달걀물 · 빵가루 · 식용유 적당량씩

소스 마요네즈 2큰술, 다진 오이피클 1큰술, 피클 국물 약간

cooking point 양배추 손질하기

양배추는 겉잎을 2~3장 벗겨낸 뒤 용도에 따라 썬 다음 찬물에 3분 정도 담가두었다가 흐르는 물에 헹구고 체에 밭쳐 물기를 뺍니다. 잎 사이에 이물질이 묻어 있거나 풋내가 날 때는 식초를 약간 푼 물에 담갔다가 씻으세요.

① 대구살은 얇게 포를 뜬 것으로 준비해 소금과 후춧가루를 뿌려 밑간하고, 양배추는 가운데 단단한 심을 잘라내고 가늘게 채 썬다. 양파와 당근도 양배추와 같은 크기로 채 썬다

② 달군 팬에 버터를 두르고 양배추와 양파, 당근을 함께 볶다가 소금, 후춧가루를 뿌려 간을 한다.

③ 대구살 위에 밀가루를 살짝 뿌리고 ❷를 소복하게 얹고 대구살을 반 접은 다음 밀가루, 달걀물, 빵가루 순으로 튀김옷을 입힌 뒤 180℃의 기름에 노릇하게 튀겨낸다.

④ 소스 재료를 섞고 튀긴 생선과 곁들인다.

재료	열량 Kcal	단백질 g	지질 g	칼슘 mg	칼륨 mg
대구살 80g	72	14.8	0.88	13.6	264.8
양배추 20g	6.2	0.28	0.04	7.6	44.4
양파 ¼개	28	0.8	0.16	12	112.8

해물토마토스파게티

열량은 이만큼
600 kcal

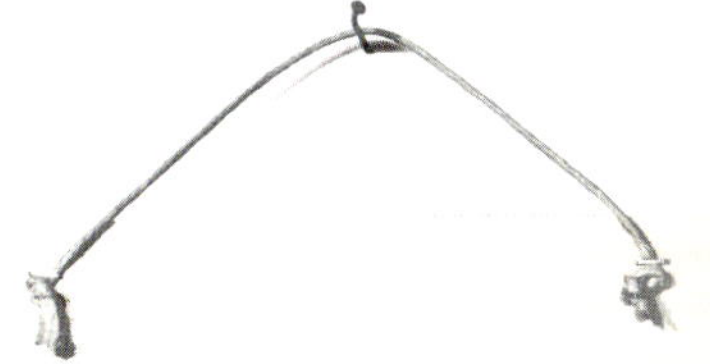

Brain point 해산물의 타우린

대부분의 해산물에 들어 있는 타우린은 두뇌발달, 망막의 건강유지, 성장발달, 면역력 유지 등에 도움을 준답니다. 타우린이 많이 들어있는 해산물을 많이 먹이면 아이들의 두뇌발달에 도움을 줄 수 있어요.

스파게티 100g, 모시조개 8개, 바지락 6개, 홍합살 50g, 주꾸미 2마리, 청피망 · 홍피망 ½개씩, 양파 ¼개, 토마토소스 2컵, 닭 육수 ¼컵, 맛술 2큰술씩, 설탕 1½큰술, 소금 1⅓큰술, 후춧가루 약간, 올리브유 적당량

cooking point 토마토소스 만들기

팬에 버터를 넣고 양파와 샐러리, 마늘, 양송이버섯을 모두 다져 넣어 볶는다. 여기에 토마토 페스트 4큰술을 넣어 약한 불에서 2~4분 정도 충분히 볶은 다음 통조림 토마토 2개를 다져서 넣고 닭 육수 1컵을 부은 다음 통후추, 월계수잎, 정향, 파슬리 줄기를 넣고 끓인다.

① 조개는 소금물에 담가 해감한 뒤 끓는 물에 조개와 홍합살, 주꾸미를 넣어 살짝 데친 후 주꾸미만 먹기 좋게 자른다.

② 피망과 양파는 사방 1cm 크기로 작게 자른다.

③ 끓는 물에 소금 ⅓큰술과 올리브유 2큰술을 넣고 스파게티를 넣어 10~13분 정도 삶아 건져, 올리브유 1작은술을 바른다.

④ 팬에 올리브유를 두르고 피망과 양파를 넣어 볶다가 해물과 맛술을 넣어 볶는다.

⑤ ❹에 토마토소스, 닭 육수를 붓고 해물이 익을 때 까지 끓인 다음 스파게티를 넣고 버무리고 소금, 설탕, 후춧가루를 넣는다.

재료	열량 Kcal	단백질 g	지질 g	칼슘 mg	칼륨 mg
스파게티면 100g	339	11.4	2	21	189
모시조개 8개	23.52	3.41	0.34	36	82.56
바지락 6개	32.64	6.24	0.53	43.2	110.4
홍합살 50g	32.64	5.1	0.85	29	102.5

해물완자채소샐러드

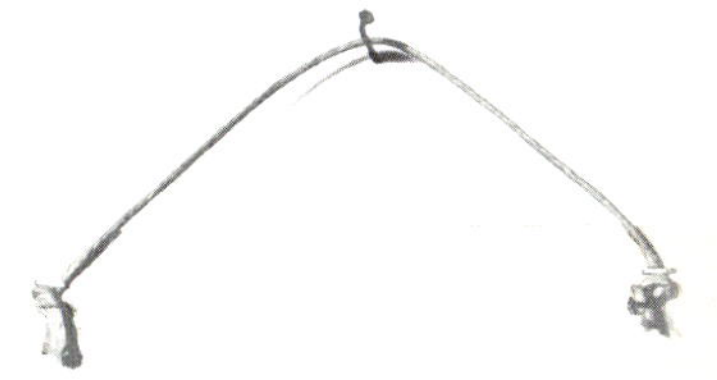

Brain point 조개의 아미노산

대합과 같은 조개류에는 아미노산과 비타민 등이 풍부하고, 새우살은 단백질의 보고입니다. 단백질은 비타민과 함께 복용하면 뇌 활동을 도와줍니다. 이 두 음식을 함께 요리하면 영양가가 높아지지요.

조갯살 · 홍합살 · 칵테일 새우 50g씩, 오이 ½개, 노랑 파프리카 · 주황 파프리카 ¼개씩, 방울토마토 5개, 소금 적당량, 청주 1큰술, 달걀흰자 1개 · 전분 가루 적당량

드레싱 올리브유 4큰술, 매실청 2큰술, 레몬즙 1큰술, 간장 ½큰술, 소금 · 후춧가루 약간씩

cooking point 해물 비린내는 청주로!

해물을 데칠 때 소금과 청주를 약간 넣으면 소독작용과 함께 비린내가 제거됩니다. 데친 해물은 찬물에 헹구지 말고 상온에서 식히세요. 찬물에 해물을 헹구면 비린 맛이 다시 올라오고 특유의 맛도 빠져버립니다.

① 조갯살, 홍합살, 칵테일 새우는 소금물에 살살 흔들어 가볍게 씻어 끓는 물에 청주 약간을 넣고 데친 후 상온에서 식힌다.

② ❶의 해물을 잘게 다진 다음 달걀흰자와 전분을 넣고 잘 치대서 작은 완자 모양으로 빚고 끓는 물에 데친 후 건져서 잘 식힌다.

③ 오이는 동글게 슬라이스 하고, 파프리카는 모양틀로 찍고, 방울토마토는 반으로 자른다.

④ 분량의 드레싱 재료를 섞어 드레싱을 완성한다.

⑤ ❷의 해물완자와 채소를 섞어 그릇에 담고 드레싱을 끼얹어낸다.

재료	열량 Kcal	단백질 g	지질 g	칼슘 mg	칼륨 mg
조갯살 50g	57	10.75	0.95	16	95
홍합살 50g	32.64	5.1	0.85	29	102.5
칵테일새우 50g	47	10.05	0.45	38.5	120

가자미완자튀김

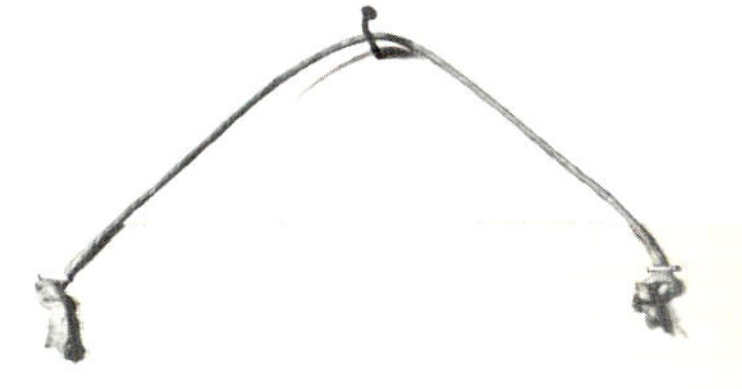

Brain point 생선의 EPA

속살이 흰 생선은 도미, 넙치, 가자미, 대구, 명태 등이 있습니다. 흰살 생선은 지방이 적고 단백질의 소화 흡수도가 높으며, 특히 EPA와 DHA 함량이 높아 아이들의 기억력 증진에 효과적입니다.

가자미 1마리, 청주 1큰술, 밀가루 · 달걀물 · 빵가루 · 튀김기름 적당량씩, 소금 · 후춧가루 약간씩

타르타르소스 달걀 1개, 양파 ¼개, 오이피클 ½개, 마요네즈 2큰술, 설탕 · 레몬즙 1큰술씩, 식초 1작은술

cooking point 식빵으로 빵가루 만들기

먹다 남은 식빵이 있을 때 빵가루를 만들어 두면 요긴하게 쓸 수 있지요. 식빵을 적당한 크기로 자르고 종이타월 위에 올려 전자레인지에 넣고 1분 30초~2분 30초 정도 가열한 후 손으로 비벼 가루를 냅니다. 식빵을 믹서에 갈아서 가루를 낸 후에 전자레인지에 가열해도 됩니다.

① 가자미는 깨끗이 손질해서 가시를 잘 발라내고 살만 다져서 청주, 소금, 후춧가루를 넣고 밑간한 뒤 지름 2cm, 길이 3cm 크기의 완자로 만든다.

② 타르타르 소스 재료 중 달걀은 완숙으로 삶아 굵직하게 다지고, 양파와 오이피클은 달걀과 비슷한 크기로 다져 키친타월 위에 올려 물기를 거둔다.

③ ❷에 나머지 타르타르 소스 재료를 섞어 소스를 완성한다.

④ ❶의 가자미 완자에 밀가루, 달걀물, 빵가루 순으로 튀김옷을 입힌 뒤 170℃의 튀김기름에 노릇하게 두 번 튀겨 접시에 담고 타르타르 소스를 곁들인다.

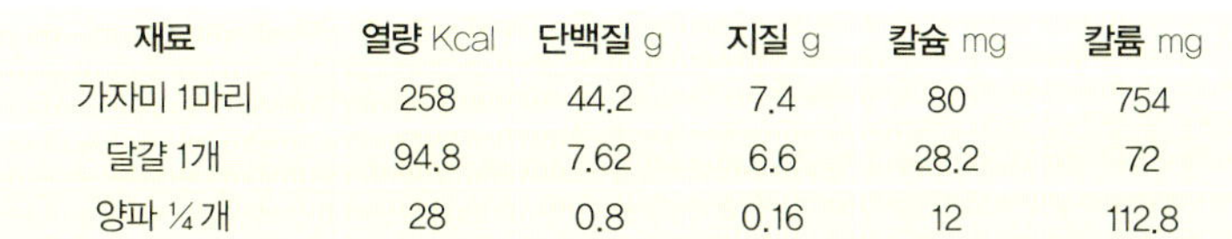

재료	열량 Kcal	단백질 g	지질 g	칼슘 mg	칼륨 mg
가자미 1마리	258	44.2	7.4	80	754
달걀 1개	94.8	7.62	6.6	28.2	72
양파 ¼개	28	0.8	0.16	12	112.8

흑임자오징어링튀김

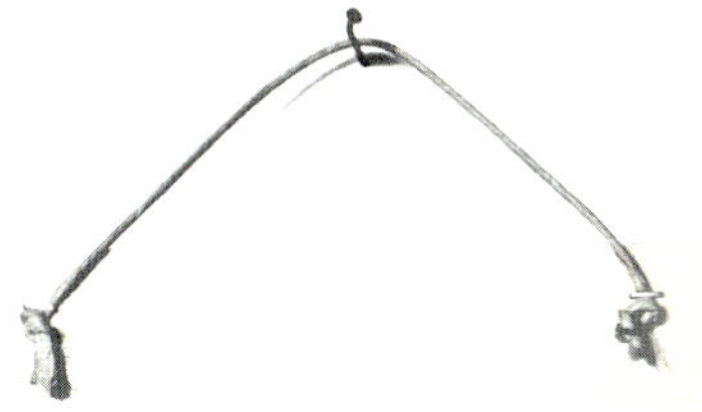

Brain point 참깨의 아미노산

참깨의 영양성분 중에는 뇌를 비롯한 세포의 주재료인 지질이 45~55% 정도 함유되어 있습니다. 또 뇌 신경세포의 주성분인 아미노산이 균형 있게 들어있어 최고의 두뇌 건강식품으로 꼽히죠. 동의보감에는 "참깨를 오래 먹으면 몸이 가뿐해지고 오장이 윤택해지면서 머리가 좋아진다"고 적혀 있을 정도로 참깨의 효능이 뛰어납니다.

재료는요

오징어(작은 것) 1마리, 달걀물 1개 분량, 빵가루 · 흑임자 · 튀김기름 적당량씩

소스 플레인 요구르트 · 마요네즈 5큰술씩, 양파 갈은 것 4큰술, 설탕 2큰술, 꿀 · 레몬즙 1큰술씩, 다진 파슬리 약간

cooking point 바삭하고 맛있는 튀김 만들기

전분과 밀가루를 1:1로 섞어 얼음물이나 찬물을 붓고 가루가 보일 정도로 대강 섞으세요. 처음 튀길 때는 중불에서 한 번 튀겨낸 다음 센 불에서 다시 한 번 튀기면 바삭하고 맛있는 튀김이 됩니다.

① 오징어는 다리를 잡아당겨 내장을 빼고 껍질을 벗겨 벗긴 뒤 링 모양으로 썬다.

② 흑임자는 분마기에 빻은 뒤 빵가루와 섞는다.

③ 손질한 오징어에 달걀물, 흑임자빵가루 순으로 튀김옷을 입히고 170℃의 튀김기름에 노릇하게 튀긴다.

④ 분량의 소스 재료를 섞어 소스를 완성한다.

⑤ 튀긴 오징어링에 소스를 골고루 묻혀낸다.

재료	열량 Kcal	단백질 g	지질 g	칼슘 mg	칼륨 mg
오징어(작은 것) 1마리	264	51	4.5	33	903
흑임자 1큰술	55.9	1.84	5.14	123.7	52.6

북어고추장양념구이

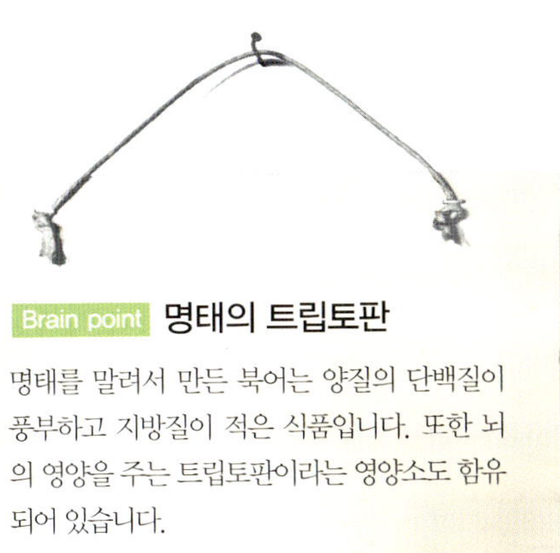

Brain point **명태의 트립토판**

명태를 말려서 만든 북어는 양질의 단백질이 풍부하고 지방질이 적은 식품입니다. 또한 뇌의 영양을 주는 트립토판이라는 영양소도 함유되어 있습니다.

북어 ½마리, 맛술 1큰술, 소금 · 후춧가루 약간씩

고추장 양념장 양파 ⅛개, 실파 1줄기, 마늘 1쪽, 생강 ½톨, 물엿 2큰술, 간장 1큰술, 설탕 · 고추장 ½큰술씩, 참기름 · 참깨 약간씩

cooking point 북어구이 맛있게 만들기

북어를 물에 불려 부드럽게 한 뒤 기름을 발라 애벌구이 한 다음 고추장 양념장에 재어 두었다가 다시 한 번 구우면 한결 맛이 좋습니다. 황태로 구이를 하면 맛이 더욱 담백하고 좋습니다.

① 북어는 머리와 꼬리를 자르고 물에 살짝 불려 가운데 두꺼운 뼈와 잔가시를 말끔히 제거한 다음 물기를 꼭 짜고 맛술과 소금, 후춧가루로 밑간한다.

② 양파와 마늘, 생강은 곱게 다지고 실파는 송송 썰어 볼에 담은 뒤 나머지 양념을 섞어 고추장 양념장을 만든다.

③ ❶의 북어에 양념장을 골고루 바르고 양념이 배도록 잠시 둔다.

④ 팬에 쿠킹호일을 깔고 위에 기름칠을 한 뒤 북어를 올려 중불에서 타지 않게 은근하게 굽는다.

재료	열량 Kcal	단백질 g	지질 g	칼슘 mg	칼륨 mg
북어 ½마리	186	41.35	1.2	150	435

버섯홍합전

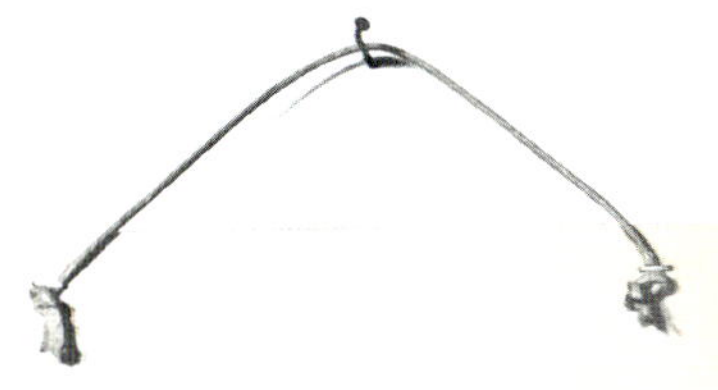

Brain point **버섯의 아연**

버섯에는 아연이 풍부해요. 아연은 아이의 두뇌 건강을 지키는 무기질입니다. 또한 우리 몸에서 일어나는 수백 가지 효소 작용에 사용되는데 많은 두뇌 효소가 아연에 의존적이기 때문에 특히 두뇌에 충분한 아연을 공급하는 것이 중요합니다.

홍합살 · 느타리버섯 50g씩, 배춧잎 1장, 달걀물 ½개 분량, 튀김가루 1컵, 우유 ⅓컵, 소금 · 식용유 적당량씩

cooking point 신선한 홍합 고르기 & 손질하기

홍합은 껍데기에 윤기 나면서 크기가 크고 수염이 많이 붙어 있는 것이 신선해요. 깨지고 부서진 것은 피하는 것이 좋고 껍데기가 완전히 닫혀 있는 것이 좋습니다. 깨끗이 손질하시려면 문질러 씻고 수염을 뾰족한 쪽으로 잡아당겨 떼어낸 뒤 소금물에 20분간 담갔다가 흐르는 물에 헹구세요.

① 홍합살은 소금물에 살살 흔들어 씻고 체에 밭쳐 물기를 뺀 뒤 곱게 다지고, 느타리버섯은 끓는 소금물에 살짝 데쳐 잘게 찢고 배추는 채 썬다.

② 볼에 달걀물과 튀김가루, 우유, 소금 ½작은술을 넣어 잘 섞은 다음 ❶의 재료를 모두 넣어 반죽한다.

③ 달군 팬에 기름을 두르고 ❷의 반죽을 한 수저씩 떠서 지름 5cm 정도로 납작하게 전을 부쳐낸다.

재료	열량 Kcal	단백질 g	지질 g	칼슘 mg	칼륨 mg
홍합살 50g	32.64	5.1	0.85	29	102.5
느타리버섯 50g	1.25	1.35	0.1	1.5	135
배춧잎 1장	1.8	0.21	0.02	5.7	30

생선파인애플꼬치

열량은 이만큼 113kcal

재료	열량 Kcal	단백질 g	지질 g	칼슘 mg	비타민C mg
동태포 10장	73	15.9	0.5	48	238
파인애플 1쪽	31	0.2	0.1	4.5	55

Brain point 명태의 단백질

명태를 말려서 만든 북어는 양질의 단백질이 풍부하고 지방질이 적은 식품입니다. 또한 뇌의 영양을 주는 트립토판이라는 영양소도 함유되어 있습니다.

재료는요

동태포 10장, 파인애플 1쪽, 달걀흰자 1개 분량, 녹말가루 2큰술, 청주 1큰술, 밀가루 · 소금 · 후춧가루 약간씩, 식용유 적당량

소스 칠리소스 5큰술, 물엿 2큰술, 다진 양파 1큰술, 다진 마늘 1작은술, 파슬리 약간

① 동태포는 곱게 다진 뒤 청주와 후춧가루를 뿌려 밑간한다.
② 파인애플은 한 입 크기로 자른다.
③ ❶에 밀가루와 달걀흰자를 넣어 되직하게 반죽한 뒤 먹기 좋은 크기로 동글게 빚고 녹말가루를 가볍게 입힌다.
④ 팬에 식용유를 두르고 동태완자를 올려 굴려가며 속까지 익힌다.
⑤ 꼬치에 구운 동태완자와 파인애플을 번갈아 끼운 뒤 다시 한 번 살짝 굽는다.
⑥ 분량의 소스 재료를 모두 섞어 소스를 만들고 생선파인애플 꼬치에 곁들인다.
※ 기호에 따라 채소와 함께 먹는다.

연어샌드위치

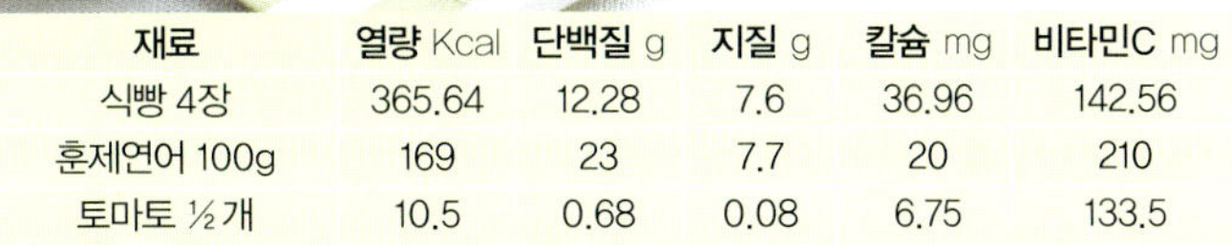

재료	열량 Kcal	단백질 g	지질 g	칼슘 mg	비타민C mg
식빵 4장	365.64	12.28	7.6	36.96	142.56
훈제연어 100g	169	23	7.7	20	210
토마토 ½개	10.5	0.68	0.08	6.75	133.5

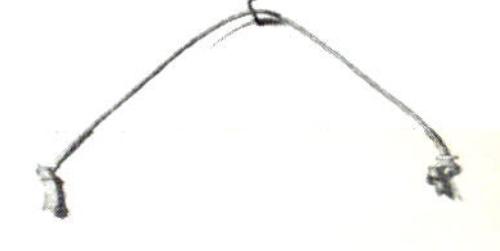

Brain point 연어의 단백질

연어는 붉은살 생선으로 지방과 단백질이 풍부합니다. 비타민 E가 많은 연어의 지방에는 동맥경화와 혈전을 예방하는 EPA와 뇌 기능을 좋게 하는 DHA 효능이 풍부합니다.

식빵 4쪽, 훈제연어 200g, 토마토 1개, 양파 ¼개, 양상추잎 2장, 치커리 약간, 레몬즙 2큰술, 마요네즈

① 훈제연어는 레몬즙을 뿌려둔다.
② 토마토와 양파는 둥근 모양으로 슬라이스하고, 양상추와 치커리는 큼직하게 자른다.
③ 식빵은 마른 팬에 앞뒤로 살짝 굽거나 토스터에 구운 뒤 한쪽 면에 마요네즈를 얇게 펴 바른다.
④ 식빵 위에 양상추, 치커리, 연어, 양파, 토마토 순으로 올리고 다른 식빵 한 쪽을 올려 샌드한 다음 먹기 좋게 4등분한다.

오징어핫바

열량은 이만큼
287 kcal

재료	열량 Kcal	단백질 g	지질 g	칼슘 mg	비타민C mg
오징어 ½마리	130.5	27.3	1.5	25.5	498
당근 ⅛개	8.5	0.25	0.05	9.5	90.5
양파 ⅛개	14	0.4	0.08	6	56.4

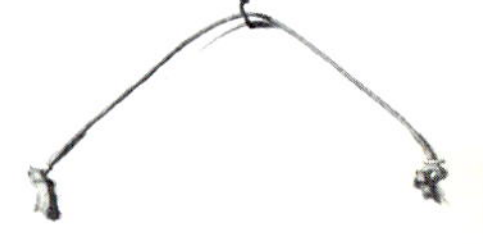

Brain point 오징어 단백질

오징어에는 양질의 단백질이 풍부하고 아연, 니아신, 비타민 E 등이 풍부합니다. 동의보감에도 기를 보호하는 식품으로 소개되었을 정도입니다.

오징어 ½마리, 당근 · 양파 ⅛개씩, 달걀물 ½개 분량, 빵가루 4큰술, 밀가루 · 녹말가루 · 생강즙 1큰술씩, 다진 마늘 · 간장 1작은술씩, 소금 · 후춧가루 약간씩, 식용유 적당량

소스 마요네즈 2큰술, 꿀 · 머스터드 1큰술씩

① 오징어는 껍질을 벗기고 깨끗이 손질해 잘게 다지고, 당근과 양파도 잘게 다진다.
② ❶의 재료를 모두 볼에 담고 다진 마늘과 생강즙, 간장, 소금, 후춧가루를 넣어 간을 하고, 빵가루, 녹말가루, 밀가루, 달걀물을 넣어 반죽한다.
③ 반죽을 핫바 모양으로 만든 뒤 꼬치에 꽂고 식용유를 두른 달군 팬에 올려 속까지 익도록 노릇하게 굽는다.
④ 분량의 재료를 섞어 소스를 만들고 오징어 핫바에 곁들인다.

오징어순대

재료	열량 Kcal	단백질 g	지질 g	칼슘 mg	비타민C mg
오징어(중)몸통 1마리	130.5	27.3	1.5	25.5	498
다진 돼지고기 100g	236	21.1	16.1	7	304
두부 ¼모	79	8.4	3.5	159	1
숙주 50g	5.5	1.1	0.05	7.5	61.5

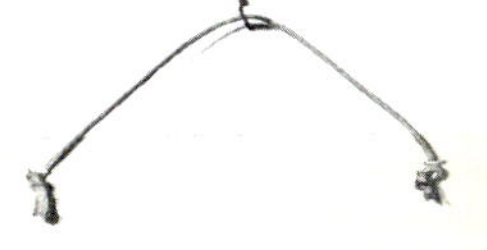

Brain point **오징어 단백질**

오징어에는 아연, 니아신, 비타민 E 등이 풍부합니다. 양질의 단백질도 많으므로 고기를 싫어하는 아이에게는 쫄깃하면서도 부드러운 오징어를 자주 먹이세요.

오징어(중) 몸통 1마리 분량, 다진 돼지고기 100g, 두부 ½모, 숙주 50g, 당근 ⅛개, 표고버섯 1개, 달걀흰자 1개 분량, 간장 · 참기름 1큰술씩, 녹말가루 ½큰술, 소금 약간

① 오징어 몸통은 깨끗하게 손질한 뒤 소금으로 문질러 씻는다.
② 두부는 으깨어 면보에 싸서 물기를 꼭 짜고, 숙주와 당근, 표고버섯은 곱게 다진다.
③ ❷의 재료와 다진 돼지고기를 섞고 간장과 참기름, 소금으로 간을 한 뒤 달걀흰자와 녹말가루를 넣어 반죽한다.
④ 오징어 몸통에 ❸을 채워 넣고 속 재료가 빠져나오지 않도록 꼬치로 입구를 꿴 다음 김 오른 찜통에서 20분간 찐다.
⑤ 오징어순대가 완성되면 한김 식힌 뒤 둥근 모양으로 자르고 기호에 다라 초간장을 곁들여 낸다.

공작놀이

놀이 시간 60분 대상 6~8세

건어물 어항

놀이 목표는요…

바다 속에 사는 생물 중에 건어물로 만들 수 있는 생물에 대하여 알아봅니다.

준비물은요…

건어물(멸치, 새우, 꼴뚜기, 미역, 다시마, 조개껍데기), 공작용 풀, 커피, 일회용 컵, 물

이렇게 놀아주세요 

1. 바다 속에는 어떤 생물들이 살고 있는지 알아본다.
2. 바다 속 생물 중 건어물로 만들 수 있는 것은 어떤 것인지 알아본다.
3. 건어물 어항 만들기
   ❶ 종이컵에 공작용 풀을 이용하여 보기 좋게 붙여준다.
   ❷. 종이컵에 물을 담아준다.

더 놀아주세요 

도화지에 색연필을 이용하여 나만의 어항을 그려본다.

물 대신에 파란색의 이온 음료수를 담으면 바다의 느낌이 나서 더욱 재미 있는 수업이 될 수 있습니다.

미술놀이

놀이 시간 60분 대상 6~8세

피노키오와 떠나는 바다여행

놀이 목표는요…

피노키오를 읽고 줄거리에 대하여 이야기하고, 여러 가지 건어물을 이용하여 바다 속을 꾸미는 놀이를 통해 다양한 표현법을 알게 됩니다.

준비물은요…

피노키오 동화책, 여러 가지 건 해산물, 조개껍질 목공용 풀, 도화지, 가위, 색연필

이렇게 놀아주세요 

1. 피노키오 동화책을 읽어본다.
2. 동화책에 대하여 이야기한다.
3. 건 해산물을 이용하여 바다 속을 꾸미기
   ❶ 도화지에 색연필로 밑그림을 그린다.
   ❷ 공작용 풀을 이용하여 건어물을 붙여준다.
4. 꾸민 작품에 대하여 발표해본다.

더 놀아주세요 

피노키오가 주는 교훈에 대하여 이야기해보고 내가 거짓말을 했던 일을 이야기해보며 반성하는 시간을 가져본다.

다시마나 김을 이용하여 고래 모양으로 자른 후 그 안을 건어물을 이용하여 붙여보면 더욱 즐거운 놀이가 될 수 있습니다.

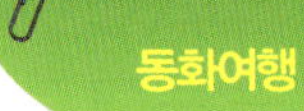

동화여행

놀이 시간 90분 대상 6~9세

걸리버와 함께 바다여행~

 놀이 목표는요…

걸리버 여행기를 읽고 해물 볶음밥을 만들어 피망 배를 만들어 보면서 상상력과 창의력을 키워봅니다.

준비물은요…

알새우, 조갯살, 오징어, 밥 한공기, 식용유, 참깨, 참기름, 소금, 피망, 나무꼬지, 접착용 색종이

이렇게 놀아주세요 70분

1. 구연동화를 해준다.
2. 동화책에 대하여 이야기한다.
3. 해물볶음밥 만들기
   ❶ 알새우와 조갯살을 작게 다져준다.
   ❷ 오징어는 껍질을 제거하고 작게 다져준다.
   ❸ 다진 해산물을 볶다가 밥을 넣고 볶고 소금 간을 한 후 불을 끄고 참기름과 참깨로 마무리한다.
   ❹ 피망을 세로로 자른 후 씨를 제거하고 볶음밥을 넣는다.
   ❺ 양면 색종이에 배이름을 적고 나무꼬지에 붙혀서 피망 배에 꽂아준다.

더 놀아주세요 

만약에 동화 속 주인공이라면 어느 나라로 여행을 가고 싶은지 도화지에 그리게 한다.

볶음밥을 할 때 굴 소스를 넣고 간을 하면 더욱 맛있는 볶음밥을 만들 수 있습니다.

놀이 시간 60분 **대상** 6~9세

맛있는 폭탄 주먹밥

 놀이 목표는요…

해산물을 이용하여 폭탄 모양의 주먹밥을 만들어 먹어봄으로써 해산물에 대한 거부감을 줄일 수 있습니다.

준비물은요…

밥 1공기, 알새우, 조갯살, 오징어, 식용유, 참기름, 소금, 김가루, 당면, 볼, 비닐장갑

이렇게 놀아주세요 50분

1. 해산물을 탐색해본다.
2. 해산물의 영양에 대해서 알아본다.
3. 해산물 폭탄 주먹밥 만들기
   ❶ 해산물을 곱게 다져서 프라이팬에 볶아준다.
   ❷ 밥에 참기름, 소금을 넣고 양념 후 볶은 해산물을 넣고 버무린다.
   ❸ 밥을 동그랗게 뭉쳐서 김 가루에 굴린다.
   ❹ 프라이팬에 식용유를 넉넉히 두른 후 당면을 넣고 튀겨준다.
   ❺ 주먹밥에 튀긴 당면을 꽂아준다

더 놀아주세요 

해산물 그림 도안을 준비하여 색칠 놀이를 한다.

오징어 껍질을 제거할 때 소금으로 문지르면 쉽게 제거 할 수 있습니다.

공작놀이

놀이 시간 60분 대상 6~9세

조개껍질 물고기

 놀이 목표는요…

여러 가지 조개껍질을 이용하여 바다 속 물고기를 만들어 봄으로써 소근육과 협응력, 창의력을 키우게 합니다.

준비물은요…

조개껍질, 장식용 눈, 글루건, 유성물감, 니스

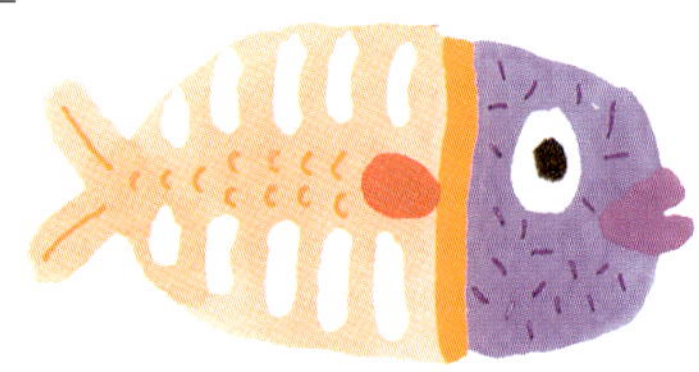

이렇게 놀아주세요 50분

1. 조개의 종류에 대하여 알아본다.
2. 조개의 영양에 대해서 알아본다.
3. 물고기의 종류에 대해서 알아본다.
4. 조개껍질로 물고기 만들기
   ❶ 여러 가지 조개를 글루건을 이용하여 붙여서 물고기를 만든다.
   ❷ 유성 물감으로 색칠을 하고 무늬를 그려준다.
   ❸ 물감을 말린 후 눈을 붙여준다.
   ❹ 니스를 바른 후 말려준다.

더 놀아주세요 

조개껍질을 송곳으로 뚫어 구멍을 내고 낚시줄에 끼워
열쇠고리나 핸드폰 고리를 만든다.
재료 : 조개껍질, 송곳, 낚시줄

조개껍질은 깨끗이 씻어서 락스에 담가뒀다가 물기를 제거 후 햇빛에 말려서 사용하면 조개 비린내를 제거할 수 있습니다.